从小白到经理实战手册

范　平　著

图书在版编目（CIP）数据

从小白到经理实战手册/范平著．—北京：中国书籍出版社，2021.3

ISBN 978-7-5068-8376-4

Ⅰ.①从…　Ⅱ.①范…　Ⅲ.①企业管理—手册　Ⅳ.①F272-62

中国版本图书馆 CIP 数据核字（2021）第 038834 号

从小白到经理实战手册

范　平　著

责任编辑　朱　琳
责任印制　孙马飞　马　芝
封面设计　中联华文
出版发行　中国书籍出版社
地　　址　北京市丰台区三路居路 97 号（邮编：100073）
电　　话　（010）52257143（总编室）　（010）52257140（发行部）
电子邮箱　eo@chinabp.com.cn
经　　销　全国新华书店
印　　刷　三河市华东印刷有限公司
开　　本　710 毫米×1000 毫米　1/16
字　　数　186 千字
印　　张　15
版　　次　2021 年 3 月第 1 版　2021 年 3 月第 1 次印刷
书　　号　ISBN 978-7-5068-8376-4
定　　价　68.00 元

前　言

谢谢你翻开这本书。

这是我的第一本著作，或许也会是唯一的一本。

历史长河，有无数的智慧传承；

浩瀚书海，有无数的经典流传。

而这本书，只不过是沧海一粟。

你是我珍贵的读者，即便本书只是这一粟，我也希望它能给你带去价值。

如果你还未踏入职场，那么，你可以从第一篇往后看。

如果你已在职场，那么，你可以根据目录选择性翻开。

如果你已是管理者，那么，你可以直接从管理篇开始看。

我知道，你对自己有要求，你渴望进步，你希望在职场上闯出自己的一片天地。

那么，祝你在自己的职场上披荆斩棘、乘风破浪。

范平

2020 年 7 月 24 日

愿你在自己的职场上乘风破浪

目　录
CONTENTS

第一篇　个人篇

第二篇 管理篇

第一篇 01

个人篇

如何选择一份理想的工作

这里用“理想”这个词有点过于美好了，每个人理想的工作都不一样。而且，现实情况是，能找到理想工作的人屈指可数，大多数人都是在差不多的工作上甚至有些是在不那么满意的工作上忙碌一生。

对于绝大多数刚毕业甚至还没有毕业的学生来说，公司、企业这类概念多数是从书中或者影视作品或者其他人口中得知，但对其真实面貌知之甚少。

对于个人来说，第一份工作不可谓不重要。多数情况下，第一份工作决定了后面几年甚至十几年要打交道的行业。

那么在没有任何经验的情况下如何选择一份还不错的工作呢?

笔者的第一个建议是：如果有机会，尽可能先去一家正规的公司实习。

生活不是影视剧，我们经常在影视作品中看到的那些装修华丽的公司形象并不代表全部，现实中有很多公司为了节省成本，根本不会把办公场所进行高档装修，能满足基本的办公需求或者稍微体面一些就足够了，甚至有些创业公司为了省下租金，将自己的工位放在其他人的公司里，每个月支付工位费。

如果你想了解现实中的公司是怎样的，可以选择去一家正规的公司实习。在实习的过程中了解公司的组织架构，了解一家公司一般会有哪些岗位，这些岗位分别是做什么的，从而建立对公司这样一个组织的大致认知。

这些认知对自己后面正式选择工作将会有很大的帮助。

实习期过后，就要正式开始选择工作了。

选工作其实和选大学一样。选大学要看大学所在的城市、大学本身的实力以及所选专业在这个大学的受重视程度等。

选工作也有几个要考量的因素，分别是：行业、企业、岗位和领导。

先来看行业，什么样的行业是比较好的行业呢？看以下几个方面：

一是看朝阳行业。所谓朝阳行业就是刚刚兴起，正在发展阶段，而且有相当大的发展空间的行业。具体哪些行业属于朝阳行业在不同时期是不一样的。

笔者在这里不提供具体的行业名单，读者可以选择上网搜索当下的朝阳行业有哪些，基本上一搜就出来了。

二是看热门行业。这里的热门行业指的是精英聚集的行业，多数精英都会选择的行业一般不会有错。同样的，这里不提供具体的行业名称，读者可自行在网上搜索或者阅读一些专家的解读。

三是看这个行业所生产的产品或者所提供的服务是不是人们不可或缺的。人们生活不可或缺的物品或者服务就意味着这个行业会很持久，也就意味着，一个人可以在这个行业里积累很多年的经验，也是一个不错的选择。

当你读到这里的时候，可以停下来，拿出本子和笔，写下你认为的符合不可或缺这个条件的行业，然后比对一下网上对这个行业的说明。

在这个过程中，笔者相信你也会对这个行业有更深的理解。

四就是自己感兴趣的行业了，对一个行业本身的热爱会激发自己的无限潜能。所以，如果能选择自己感兴趣的行业，那一定是幸福的。

选择行业之后就是选择企业了。

选择企业有一个前提就是这个企业必须是真实的。

笔者曾见过，刚毕业不久的年轻人因为资历浅，无法辨别企业的真假而被骗入了传销组织，前程就此毁于一旦。所以，选择一家正规的、真实的公司尤其重要。

那么，问题来了，如何判断一家公司是否真实正规呢?

首先，可以在“企查查”的官网上查一下这家公司的基本信息。企查查是一家可以专门查公司信息的公司，可以直接在百度上搜索这家公司，也可以在手机商城下载企查查 App。一般情况下，在国内注册的，在国家企业信用信息公示系统网站上有的公司都能查到。如果说是国内的公司，但却查不到存在的信息，那这家公司很有可能是有问题的。同时可以查公司的存续情况、股东信息、异常情况等，综合这些信息进行判断。

其次，可以在网上多查一下与这家公司有关的信息，从大概率上讲，假的公司不会花很多精力去做自己的网站，或者假的公司一般网上会有不少负面的评价，比如说“骗子公司”等。当然，这个方法无法完全排除假的和骗子公司，有些骗子公司很多工作做得比正规公司还要好。

最后，如果自己实在无法判断一家公司的真伪及正规性，可以请教身边已经工作了的亲友，请他们帮忙判断也是一个不错的方法。

在保证公司真实正规的基础上，接下来要面临的就是国企、民企、外企等不同性质的公司的选择了。

不同性质的公司，企业文化是不一样的，待人接物、处事风格也不同。

以前有一些刻板印象，许多人会认为民企更有活力，外企更讲究效率。但是，随着时代的发展，这些不同类型的公司标签化也越来越弱了。

所以，可以参考一些对不同性质的公司的标签划分，但不能完全相信。

由于笔者没有在国企和外企工作的经历，所以本书中后续的内容都是围绕民营企业来讲述的。

说到民营企业，有很多公司都活跃在公众视野当中，比如：华为、腾讯、阿里巴巴、百度、京东、美团、携程，等等。但，这种大型或者超大型且知名的公司毕竟是少数。活跃在我国乃至世界范围的，数量占比最多的还是中小企业。

在条件允许的情况下，进入超大型公司工作当然是一个比较好的选择。毕竟大公司人才多，平台好，起点高，社会认同感高。

与此同时，在大公司工作也有一些不利于自身发展的地方，比如人才多，晋升比较困难；分工精细，一个人就是一颗螺丝钉。但是，笔者相信，如果愿意努力，愿意学习，找到机会，螺丝钉也能很快冒头，还是要看自己。

实在没有那个机会和能力进入大型公司的，小公司也是不错的选择。

在小公司，很多时候分工并没有那么明确，一个人可能要干好几个人的活。这有个好处，就是学到的东西更广，什么类型的工作都能接触到。在小公司，更容易成为一个多面手、一个综合型人才。

当然，即便是小公司，最好还是选择那种在行业内比较领先的公司，这样的公司值得学习的内容会更多一些。

选定了行业和公司，后面就是岗位了。

有一些人有很明确的岗位选择，比如就想做行政、想做人力资源、想做销售。有自己喜欢的岗位当然是比较好的，还是那句话，对工作的热爱能够激发自己的无限潜能。

但是，当自己没有明确的岗位选择的时候怎么办呢？

笔者提供一个思路。

可以先在网上做一套 MBTI 职业性格测试，测试出来的结果会告诉你，你的性格比较适合做哪些类型的工作。要注意的是，做题时一定要根据自己的实际情况来填写，不要随便写写，否则得出来的结果就会与实际情况不符。

得出了这些工作类型之后，对比自己平时的喜好、对薪资待遇的要求等找到自己认可的一些职业。

找到这些职业之后，去网上查一下这些职业的招聘需求，对比下自身的条件，看符不符合。如果符合，就找几家公司去面试看看。

这是比较精细的做法。

比较粗糙的做法是：如果想做具有挑战性的工作，那就去做市场或者销售这些不确定性比较高的、对专业能力要求没那么高的工作。

如果只想有一份稳定的工作，就去找前台、行政等不确定性低、稳定、对专业能力没有很高要求的工作。

说完了岗位的选择，最后来说一下对领导的选择。

如果可以，选择一个好的领导。

什么样的领导是一个好的领导呢？

在笔者看来，一个愿意帮助自己成长、愿意给机会、勇于担当的领导，就是一个好领导。

以上就是笔者对如何选择一份理想的工作提供的一些思路和具体的方法。这些思路和方法不见得适合所有人，你可以根据自己的实际情况进行采纳。

最后，一句笔者很喜欢的话，送给大家：

“爱一行干一行的人，是幸运的；干一行爱一行的人，是可敬的。”

如何设计一场面试

当我们通过之前介绍的思路和方法选定了行业、公司和岗位之后，接下来要做的就是求职了。

下表是笔者整理的一般性的求职流程。

阶段	需要做的事情
前期准备	明确自己的求职需求
	制作一份简历
	投简历
	面试预演
进行中	笔试
	面试
后期结果	结果
	改善

我们按阶段来分析，市面上有大量的书籍介绍如何成功求职，包括如何制作一份精美的简历、如何面试等，本章不再就细节进行阐述，主

要还是讲思路和实际操作时的一些注意事项。

我们先来看前期准备

一、明确要求

明确自己的求职需求，要知道自己想要找什么行业、什么岗位的工作，要知道自己对薪资、福利、团队氛围、晋升空间等有怎样的期待和要求。

只有明确了自己的求职需求，才能够有一个判断标准，在挑选公司以及面试的过程中就能够更准确地判断这份工作到底适不适合自己。

所以，这一步尤其重要，前面我们花的篇幅讲的就是这一步。

二、制作简历

一份制作精美的简历重要吗？对于去大公司来说重要。因为大公司通常会收到很多简历，一份好看的简历会让人眼前一亮，顿生好感，印象分直线上涨，甚至有可能直接在这个环节就被记住了。

但是，对于去小公司来说，好看的简历虽然让人眼前一亮，效果却往往没有在大公司那么好，为什么呢？

因为小公司没有知名度，平时发布招聘信息，投简历的并不多，很多时候甚至需要人力资源部在市场上去搜简历，然后邀请人家来公司面试。基本上能满足条件的，人力资源部都会打电话邀约。

当然，话说回来，虽然对于小公司来说好看的简历不是那么重要，但是，好看总比不好看要好。所以，能做得精美一些就尽量做得精美一些，只是没有那个必要花大量的心思在这个上面，毕竟投入产出比不高。

那么，既然好看不重要，什么比较重要呢？

笔者根据这些年的从业经验以及同行交流，认为以下几点在简历制作过程中比较重要。

1. 外观整洁干净

可以长得不好看，但是，不可以邋遢。至少要给人舒服的感觉。

2. 真实性

常常会有人为了符合用人公司的条件而对简历造假，这一点是非常不可取的。很多公司在招聘过程中都会做背景调查，而且比较有经验的人事专员一眼就能看出简历是否造假。即便无法在简历中看出，也能在面试过程中通过问题判断出简历是否造假。

对于应届毕业生或者职场小白来说，这条红线就不要碰了。

而且，笔者也真诚呼吁，职场老将也不要对简历造假，真诚更能打动人。

除此之外要注意的是不要夸大自己在某一项目中的角色，是参与就写参与，不要写负责。负责和参与是有很大区别的。如果只是参与，可以坦诚地写参与，然后加上在参与的过程中，自己学到的东西，说不定效果会更好一些。

3. 突出重点

你可能擅长很多方面，比如说写作、唱歌、跳舞、运动。你应聘的是一名杂志编辑，那么在简历中就尽可能多地突出写作的优势。唱歌、跳舞可以一笔带过，甚至不写也行。

综上所述，一份好的简历应该符合这么几个要点：真实、外观整洁干净、重点突出，在这些基础上，最好可以把简历做得更精致一些。

三、投放简历

当我们把简历制作好，接下来就是简历的投放了。

一般情况下，找工作有这么几个渠道。

（1）亲戚、朋友、同学介绍；

（2）智联招聘、前程无忧、boss 直聘、拉勾网、猎聘、脉脉等招聘网站和 App；

（3）校园招聘；

（4）微信群、QQ 群、空间、朋友圈等社交媒体。

对于刚毕业的学生来说，前三个渠道是比较普遍的选择，可以将简历通过这些渠道进行投放。

四、面试预演

简历投完之后可以准备面试预演了。

面试预演顾名思义就是演一遍面试的场景。这个时候可以请教自己的亲朋好友，或者在网上查一下资料。针对你要应聘的岗位，人力资源和部门负责人一般都会问怎样的问题。然后，你就可以针对这些问题写出自己认为满意的答案，让长辈帮着参考，对着镜子多练习，改进完善直到顺畅为止。

前期的准备工作在以上常规的四项之外，笔者特别再补充一项，这是基于笔者自身的经历。

将主动权把握在自己手中。当自己有主场权的时候，不至于那么紧张。什么意思呢？

当我们有了明确的行业或者公司选择之后，我们可以在网上多搜集这家公司的信息。搜集完信息之后，可以主动给该公司的人力资源部打电话。（一般在网上搜索该公司名称会有很多信息，招聘网站或者官网上都会有人力资源的联系方式。）

主动跟人力资源约面试时间，一般情况下，对公司信息了解越多，准备越充分，条件又基本吻合的话被录用的概率很高。毕竟，机会是给有准备的人的。换位思考一下，我们作为用人单位，肯定也更喜欢这样做好充足准备的人，这代表了对这份工作的重视和用心。

而且，在面试环节之初，你对应聘的公司比较了解，面试官对你却并不熟悉，这样就会有一个信息不对称存在，这个信息不对称对你是有利的。要充分利用好这个信息不对称，获得面试官的好感，增强自信。

上述准备工作到位后，就要进入到笔试和面试环节了。本章就只讲述面试的一些注意事项。

（1）可以不美不帅，但要干净。面试的时候穿着还是要稍微讲究一下。很多小微企业的人力资源或者部门负责人都是80后、90后，多多少少有些颜控。所以，稍微打扮装饰一下还是可以加分的。

（2）不要迟到。这一点就无须多言了，想想约会的时候迟到，对方多少会有些不高兴，迟到的行为是不讨喜的。

（3）保持谦逊。笔者曾经见过刚毕业的年轻人坐在洽谈室，跷着二郎腿玩手机。老实说，笔者当时很不愿意进去面试。谁没有年轻过呢？年少轻狂可以理解，但要分场合。

（4）真诚。这或许是笔者自己比较在意的一点。稻盛和夫曾说："百术不如一诚"，用再多的手段，也比不上一颗真诚的心。

（5）深思熟虑，合适的才是最好的。这一点无论是对用人单位还是对求职者来说都一样。有些求职者急切想找到一份工作，全然不顾合适不合适。结果入职之后，发现很多东西和自己想象的不一样，入职不到一个月又离职。这样的操作无论是对用人单位还是对求职者都是一种时间和精力上的浪费。

笔者在面试的时候，都会强调让求职者多考虑一些，问清楚一点。笔者自己也会很坦诚地把公司的实际情况相告，甚至有的时候会把情况说得糟糕一些。这样，求职者进来公司后，发现实际情况其实比面试的时候说的更好，就不会产生心理落差，也不易离职。

有些人事专员身上背负了招聘任务，为了招到更多的人，全然不顾公司的实际情况，总是挑好的说，甚至会夸大公司的优点，结果求职者进了公司发现实际情况跟人事专员描述得相差很大，没几天就离职了，导致公司和求职者都浪费了时间和精力。所以，人事专员这样的做法是极不负责的表现。

通常来说，一个岗位要经过 2～3 轮的面试。

很少有公司的用人部门会在面试当场就拍板决定录用，一般都会多看几个人，然后在这几个人当中选择更合适的。这就意味着在面试之后，作为求职者，你会进入一个等待的阶段。与此同时，你也可以去其他公司进行面试。

在这个阶段，笔者有个小小的经验分享。在面试的第二天可以主动联系人事专员，咨询是否有结果以及觉得自己面试过程的表现如何，哪些地方是需要改进的。

这样，一方面可以给人事专员一种很重视的感觉；另一方面，也可以结合对方给出的改进意见，回想自己的面试经过，做出积极正向的调整。

最终结果如果是好的，那么，皆大欢喜；最终如果没有被录用，也可以当作是一次锻炼的机会，不必懊恼，不必妄自菲薄。

市场上好公司还是有很多的，对于求职面试这件事，我们就尽人事、听天命，保持积极的学习心态，乐观面对。

如何快速融入一家公司

当我们过五关斩六将通过层层面试考验终于被一家公司录用之后，要做的就是快速融入公司、快速上手工作、早日产生业绩（此处的业绩不单指销售业绩，泛指各个岗位的工作成果）。

为什么要快速融入公司呢？因为人在陌生的环境中会产生不安全感，你很难想象，一个人在没有安全感的环境下能够安心工作，连安心工作都做不到，更不用说快速上手工作了。因此，快速融入公司的目的就是为了能够尽快消除这种不安全感，从而快速上手工作。

那怎么快速融入公司呢？笔者认为成功的心法是——主动。

诚然，很多公司都有帮助新员工快速融入的计划，但是，如果连这种主动权都放弃，完全依赖公司帮助自己融入，那么融入的效率肯定没有自己主动去融入的效率高。

如何主动融入呢？通过不同的方式进入公司，方法略有差异。笔者简单列举一些方法，仅供参考。

一、通过校园招聘的方式进入公司

（一）主动建立校友群，互帮互助

校园招聘有着得天独厚的天然优势，能够让新加入的学生快速融入公司。

一般来说，公司选择校招，就不会只招聘一个人（成本考虑），也就意味着，一同进入到一家公司工作的是校友，甚至是同学、室友。如果是长期的校企合作，公司里极大概率还有学长、学姐。

如果你愿意的话，可以主动把同一批校招生拉到一个 QQ 群或者微信群。一方面，基于校友的关系，大家可以更快建立信任关系，更快熟悉起来。有了这样一个小组织，安全感会倍增；另一方面，可以在群里互通消息，互相帮助。如果你比较胆怯或者不愿意做这样的事，那么等比较主动的校友把群建立起来后直接进群就好了。

（二）主动找人事专员了解信息

负责招聘的人事专员是校招生刚进入公司时，在自己的小组织外最熟悉的人。笔者建议，校招生刚入职的时候可以多与人事专员沟通。

一方面，人事专员通常要跟进校招生的情况，他们会更乐意与你交流，他们也需要从你身上了解校招生的信息。另一方面，人事专员的有效信息会更多，比如他们知道这家公司里谁是你的学长学姐，这是一个很关键的信息。

你可以打听清楚学长学姐的分布情况，然后要到一个能力强、性格好、积极向上的学长学姐的联系方式，然后与之联系。可以与小组织的成员商量把这位校友拉入群里，或者大家一起请他吃饭。然后呢？然后就可以向他了解更多的信息。比如说，轮岗的时候有什么注意事项，公司的发展历程，公司目前的情况，等等，在以后上手工作时遇到问题也可以请他帮忙。

这里要特别强调，一定要找一个能力强、性格好、积极向上的校友。能力强才可以给你有效的建议，性格好才会帮你，积极向上才会提供正向的信息。

如果找的是一个喜欢抱怨的人，那最糟糕的情况就是影响了一群人，毕竟，抱怨会传染。

以上的两个方法仅供参考，毕竟每个公司的情况不一样，最终操作还是得结合公司的实际情况。通常来说，如果一家公司愿意做校园招聘，一般都匹配了一套培养方案。如果你实在不是性格这么主动的人也没有关系，公司对校招生一般都挺好，不用太担心融入的问题。

二、通过熟人介绍的方式进入公司

根据以往的经验来看，当一家公司有熟人的时候，新员工的状态会相对放松，融入也快。这个很好理解，陌生的环境里有熟悉的人，那个人就是自己的依靠。

这种情况下都知道怎么做，最初肯定是跟着熟人走。通过熟人了解公司的情况。

这里要重点强调的是，如果这个熟人是业务能力强、积极向上的人，那很好，可以多跟他交流，学习请教。但也要避免陷入只与他一人交流的困境。

如果这个熟人的业务能力不强，人也比较消极，那么就要注意在一起沟通的时候提醒自己不要被带偏，不要染上消极、爱抱怨的毛病。

对待喜欢抱怨的人开始的时候多请他吃几次饭，表达感谢，然后逐步远离。在他需要帮助的时候提供自己力所能及的帮助，其他时间少交流。长期与消极的人在一起，自己会变得消极。而消极的人在职场上是很难把工作做好的。

三、通过社会招聘的方式进入公司

校友和熟人都能给人提供安全感，在这种安全感的加持下，新员工的融入速度会快很多。相对而言，社会招聘的融入就会慢一些。

通过社会招聘进入公司，放眼望去，除了面试的时候与人事专员和面试自己的领导有一面之缘，其他人都是陌生人。陌生的环境、陌生的人群总会让自己变得拘谨。

那么，在这种情况下如何主动快速融入呢？笔者分享几个具体的方法，这些方法不仅适用于社会招聘，也适用于校招和熟人介绍的方式。

（1）与人事专员多交流。可以主动请人事专员在中午的时候带自己熟悉周边环境，比如公司附近吃饭的地方，顺便请他一起吃个午餐。在吃午餐的时候顺便多了解一些公司的信息。

（2）适当向上级请教。一般来说，很多职场新人遇到问题不敢找上级，怕上级觉得自己笨或者怕耽误上级的时间。实际上，作为部门领导，有带好新人的责任。你去找他的同时，也是在帮助他了解你的情况。向上级请教要注意两点，一是请教前最好自己能把问题表达清楚，这样可以节省上级理解的时间，也可以展示自己的表达能力。二是注意请教的频率，不要频繁请教。频繁请教一方面耽误上级的时间，另一方面也会惹来不必要的闲话。

（3）多与师父或导师交流。有的公司有传帮带制度或者导师制度，以师父带徒弟的方式培养新人，这种情况下就可以多与师父或者导师交流了。偶尔买点下午茶、零食之类的和导师一起吃，导师或许会教得更用心一些。也有些公司是没有导师的，新员工到了公司就属于自生自灭的状态，这种情况，就需要主动去请教老员工了。请教老员工的话，先请教坐在身边的，如果坐在身边的人不愿意教自己，那再私底下找那种业务强又积极的老员工，平时遇到问题，微信上请教或者中午吃饭的时候请教。千万不要直接就去找那种坐得离你远但能力强的人请教，万一身边坐着的是一个敏感的人，可能就会多想，多想有可能不会产生什么坏的影响，但也有可能产生很大的负面影响。

（4）适当帮忙。为什么是适当呢？有两方面的考虑。一方面，很多人为了能够让别人接纳自己会表现得过分热情，什么事都帮，但往往收效甚微甚至适得其反。为什么呢？因为当彼此在没有完全建立信任的基础上对别人表现出莫大的热情会让别人怀疑你的动机，有句古话叫“无事献殷勤，非奸即盗。”说的就是这个道理。另一方面，是为了避免日后成为老好人。在职场上有一类人被叫作老好人，这类人不懂得拒绝别人，别人叫自己做什么都做，最后自己累得半死，却讨不到半点好。所以，要适当帮忙，懂得拒绝。

（5）尽量与公司保持一致的穿着风格。试想一下，在一家都穿休闲装的公司，你穿一身正装，是不是有种格格不入的感觉。再想一下，在一家都穿职业装的公司，你穿T恤牛仔，是不是刚进公司就想掉头回家换衣服。穿着的风格一致不见得会降低融入的难度，但是穿着风格上的不一致大概率会增加融入难度。

（6）尽可能参与公司组织的活动。一般公司会组织聚餐、唱歌、团建之类的活动，作为职场新人，笔者建议这类活动尽可能参与。有些人认为自己不善社交，这种和同事一起参加的活动就不去了。实际上，这些活动组织的目的大多就是为了帮助员工之间加深交流的，这是一个很好的多认识同事的机会。

（7）多观察一下公司同事中午吃饭、午休之前会做什么。有玩同款游戏的可以一起组队玩游戏，有看电视剧的可以一起聊天，游戏、聊天是很容易拉近人与人之间距离的。

还记得本章开篇所讲的心法吗？主动。

在把握主动的基础上，招式可以因地制宜，千变万化，绝不止本章所讲的这几种。

在主动的时候，也要注意适度，凡事都有一个分寸感，过分主动会让人倍感压力，不仅无法达到快速融入的效果，反而还会招来不必要的猜疑。

关于快速融入，笔者分享一句话："把主动权握在自己手中，事情会简单很多。"共勉。

如何快速上手工作

之前我们讲了如何快速融入一家公司，快速融入的目的是为了能够快速上手工作继而产生业绩。所以，接着前一篇的内容，本篇我们讲一讲如何快速上手工作。

现代知识和技术更新换代快，有可能你在大学里学的东西，等到你毕业的时候就已经过时了，基于这样的趋势，学习力成了职场的核心竞争力之一，而快速上手工作与学习力密不可分。

基于学习力的重要性，笔者将在此花较大的篇幅阐述。

一、学习的类型以及不同类型的学习方式

笔者曾在李笑来的一篇文章中看到过一种关于学习类型的分类，这个分类方式很有意思，借此机会分享给你。

他将学习分为三种类型，用他的话说，是学习的三种境界，分别是：有人手把手地教、自学、悟。

我们先看看第一种：有人手把手地教。

小时候，爸爸妈妈教我们怎么拿筷子、教我们怎么拿笔写字都是手

把手地教。但是，在职场上，很少能碰到愿意手把手教我们的人。首先，每个人都有自己的工作，不一定有时间教。其次，不是所有人都愿意教别人。再者，不是所有人都擅长教别人。

由此可见，在职场上碰到一个愿意手把手教自己的人是很难的。所以，若是你遇到了一个尽心尽力教你的人，一定要心怀莫大的感恩，一定要牢牢抓住这样的机会好好学。

那么，问题来了，怎么学呢？

职场中的学习有三种内容：知识、技能以及态度。

笔者曾在刘润的专栏中看过一篇文章，名叫《知识技能态度：为什么人类不擅长谈恋爱》，这篇文章中对知识、技能、态度的解读非常独到，在这里一并分享给大家。

以下内容选自《知识技能态度：为什么人类不擅长谈恋爱》这篇文章：

> “什么是知识？知识就是已经被发现和证明的规律，它是确定的，不需要你通过自身的成功、挫败去验证，然后恍然大悟的那些规律。
>
> 什么是技能？技能就是那些你以为你知道，但是如果你没做过。就永远不会真的知道的事情。
>
> 什么是态度？态度就是你选择的，用来看待这个世界的那副有色眼镜。”
>
> 知识需要用脑去记忆学习，技能需要用手去操作练习，态度需要用心去领悟。

一般来说，在学校里，老师会手把手地教我们知识。但是，在职场，可以手把手教的更多的是技能。

比如说，手把手教你如何做表格，手把手教你怎么给客户打第一通电话，手把手教你如何做招聘的邀约等。

这些技能都是光看不行，要实操才可以的。关于这一点，笔者深有感触。有时候，即便是对着岗位的操作手册去操作，都会发现，最终出来的结果和人家教的不一样。那是因为操作的过程中有很多隐形的坑是没有办法在讲述中一下子讲出来的，只有自己去操作一遍，才会发现当中的问题。

我们了解了职场中能手把手教的是技能，而技能的掌握要靠练习。之后，就是具体的操作了，具体怎么去学会别人手把手教我们的技能呢？以下是笔者结合自己的经历和朋友讲述总结的方法，可供参考。

首先，导师在教的时候，如果导师同意，可以选择录音，还可以选择通过视频的方式将讲授的过程记录下来。同时在本子上记录下具体的操作步骤、容易错的地方。（为什么要录音或者视频？因为通过这个方法记录之后可以回家反复听、反复看。另外，在职场上，随时带着本子和笔可以记录不少小技巧，很多小技巧都是平时想不到，但是说的时候却能随口说出来的。）

接着，就是练习了，不停地练习，直到完全掌握。这里的练习不是机械地不带思考的练习。每个人几乎都听过一万小时定律，但是，只有机械的操作，即便操作了一万小时，也是成为不了高手的，想要成为高手，要刻意练习。刻意练习就是带着问题去练习，练习之后再思考哪里不足，需要提高。这样，每一次的练习都会比上一次有所精进。

说完手把手地教，我们再来说自学。

现在这个时代唯一不变的就是变化。市场环境发生着快速而巨大的变化，身处职场，我们时刻都面临着要接触新事物的情况，这些新事物，同伴、导师、上司可能都不了解，要了解这些新事物，只能靠自学。

说句夸张点的话，自学能力的强弱决定了职场晋升的快慢。

我们说，学习的内容有知识、技能和态度。那自学学什么呢？学的是知识和技能。怎么自学呢？

知识学习方法：

（1）确定自己要学习的知识。（明确目标）

（2）在网上搜索一下关于要学习的知识的大致信息。

（3）购买 10 本与该内容有关的纸质书或者电子书，快速看完，建立对该知识的系统认识。根据自己的理解写读书笔记或者画张思维导图。

（4）如果在看书过程中有不懂的，可以在网上用搜索引擎提问。互联网发展了这么多年，中国这么多人，要相信，你想要问的问题大概率上有人问过。

（5）除此之外，可以在 QQ 或者微信中，通过关键词查找的方式，找到与你一起学习的其他人，加群一起学习。

（6）如果以上方法仍然无法让你学会，也可以尝试一下去找培训班。

技能学习方法：

在知识学习方法的基础上增加刻意练习这一项，直到完全熟练掌握。

学习的最后一重境界就是悟了。前面所讲的手把手地教是有人教我们，自学是有书籍或者视频教我们，但是悟，是没有任何人或者物教我们的。悟，就是学会没有人教的东西。

笔者个人对悟的理解分为触类旁通和顿悟。

触类旁通的意思是掌握了某一事物的变化趋势及规律，从而类推了解同类的其他事物的变化趋势及规律。

从概念上看，触类旁通更多的是一种能力，一种推理的能力。在对已知的内容进行熟练掌握的前提下，通过推理，得出同类其他事物的规律。

因此，我们可以得出一个结论：想要做到触类旁通，一要做到对已知内容的熟练掌握；二要有一定的逻辑推理能力。

顿悟的意思是顿然领悟。顿然是什么意思呢？是忽然、突然的意思。所以，顿悟说白了就是突然领悟。

谁会顿悟呢？什么情况下会顿悟呢？不知道。既然是突然的，哪里有什么规律可循呢？又怎么会知道谁在什么情况下会顿悟呢？

虽然不知道什么情况下会顿悟，但笔者认为阅读、思考、学习技能可以增加顿悟的概率。

试想一下，如果把我们的大脑当成夜空。我们脑中的每一个概念、我们所掌握的每一项技能就是一颗星星，当我们脑中的概念越来越多，我们所掌握的技能越来越多的时候，就意味着天空中的星星越来越多。

如果夜空中只有一颗星，那么它就是孤立的点，无法产生任何的连接。如果夜空中有两颗星，这两颗星可以连成一条线。如果夜空中有三颗星，这三颗星可以连成三条线，形成一个面，当夜空中的星星越来越多的时候，就会产生越来越多的连接。

这些连接当中有些是没有意义的连接，但有些就是意义巨大的顿悟了。

所以，顿悟不仅有运气、机遇的成分在。它还有个前提，那就是大量的知识储备。大量的知识储备加上运气，就有可能产生顿悟。

运气我们无法控制，但是大量的知识储备却是我们可以做到的。而阅读、思考和技能的学习都是在增加我们的知识储备。

二、作为新人，如何快速上手工作

我们花了很大的篇幅讲述不同学习阶段及学习的方式，现在让我们回到现实，回到我们要解决的问题上。作为新人，如何快速上手工作？

（1）如果公司给你指派了一名导师，好好向导师学习请教。

学习的开始，要了解导师的性格、喜好，这样可以避免学习过程中踩雷。学习之初与导师加深关系，也会让学习的过程更为融洽。学习结束后，请导师吃个谢师宴，千万不要认为这是讨好，要知道，导师教你不是理所应当，即便公司给导师布置了带人的任务，那他也是分出了自己的精力和时间去教你的。

导师教的时候要认真听，这个时候如果不懂千万不要装懂。在学校有的时候老师问懂了没，很多学生会因为面子而偷偷跟着一起说懂了。但是，职场不同，如果你不懂装懂，真正实操的时候操作错误就会造成严重的问题。轻则影响自己，重则连带他人。

如果学的是方法，要了解清楚概念的内涵和外延、了解方法背后的原理，了解方法适用的场景。

如果学的是技能，要熟练记得每一个步骤，记得，是每一个步骤，而且是正确顺序的步骤。笔者碰到过很多次，操作内容完全正确，仅仅因为步骤的前后顺序搞反了导致最终结果大相径庭的事情。

（2）如果公司没有分配导师，那么，先向坐在自己身旁的老员工学习请教。如果自己身边的老员工都不靠谱，可以选择找上司给自己换位置，把自己换在业务能力强、又热心助人的老员工旁边。或者请上司给自己指派一名导师。

（3）珍惜每一场新员工培训。每一场培训结束后，即便公司没有要求，自己也要去写一份培训收获。

（4）除了公司介绍、公司产品知识等与公司有关的特性知识以外，很多职场上的技能都是可以通过自学掌握的。如果你不幸没有导师教，身边也没有个靠谱的老员工教，上司也忙着没空理你，而你又想要继续留在那家公司，那就自学吧。

（5）每天睡觉之前，反思当天的工作。哪里做得好要继续保持，哪里做得不好，为什么做得不好，怎么改进。让每天都有前进一小步的欢喜，每天都在成长。

（6）如果在上班时间没有完全掌握或者学会所需的本领，那么，下班后，就多花点时间去记忆、去练习。

三、其他一些关于学习的建议

1. 三人行，必有我师。在职场中，要放低姿态，虚心请教。
2. 上学和学习是两回事，毕业了依然可以学习。
3. 活到老，学到老。
4. 多阅读可以提高理解能力，提高学习力。

如何避免工作中犯错

当我们作为初学者上手工作后，很有可能一不小心就犯了错，当然谁都是不愿意犯错的。所以，在解决了如何快速上手工作后，有必要了解错误的类型和如何避免犯错。

一、错误的类型

错误大体分为两大类：一类是遗漏；另一类是做了，但是做错了。

遗漏的错误分为两种：一种是有意识的遗漏，俗称“搞破坏”；另一种是无意识的遗漏，俗称“忘记了”。

做了，但是做错了也分为两种：一种是不知道怎么做导致做错了；另一种是知道怎么做，却做错了。

二、如何避免犯错

知道了错误的类型，我们就可以有针对性地避免犯这些错误。

（一）针对有意识的遗漏

这种故意不做、主观的遗漏本质上应当不算是一个错误，而算是一次极其严重的违规行为。笔者要提醒大家，最好不要为了搞破坏而故意遗漏他人安排自己做的事情。

这是伤敌一千自损八百的做法，这种做法无论如何自己都会受到牵连，毕竟他人已经叫你做了，无论你是有意识的还是无意识的遗漏，你都没有去做这个事情，你都要为此负责。

（二）针对无意识的遗漏

大多数人都有这样的经历，就是手头上事情多的时候，特别容易忘记一些事情。怎么办呢？

1. 使用备忘录

俗话说："好记性不如烂笔头"。针对日常工作中，他人临时叫自己做的事情或者当下无法立即做完的事情，可以添加在备忘录中，做完就删除或者做完后标注已做完。

制作备忘录要特别注意记录的及时性，因为很可能当下没记录下来，转身就忘记了。如果有时候不方便打字记录，也可以使用语音备忘录，即便在走路的时候，也可以当场记录。

微信和钉钉都可以给自己发消息，如果手边没有现成的备忘录的话，可以先把要记录的东西在微信或者钉钉上发给自己，等方便的时候再把消息记录到备忘录中。

2. 制作工作清单

应对日常的常规工作，制作一份工作清单可以很大程度上帮助避免遗忘。工作清单包括具体的工作内容和完成节点。

平时工作的时候，打开这样一份清单，对着清单，完成一个在旁边打一个勾。这样不仅不容易遗忘，当把事情都打满勾的时候还会有一种成就感。

制作工作清单需要一个安静的环境，首次制作工作清单的时候，尽可能把自己的日常工作做全面的记录。

到后面，就剩下查漏补缺了，每次发现工作清单中有遗漏的内容直接往里添加即可。

（三）针对不知道怎么做导致的错误

有人把这种错误称为无知的错误。因为这种错误是因为自己的无知而犯的错。如何避免这类错误呢？有如下的方法可供参考。

1. 了解工作背后的原理

如果只知道做一件事情却不知道这件事背后的原理，很可能会经常出错。就像只知道题型，不知道公式一样。不知道公式，题型一变，就又不会了；知道公式，题型再怎么变，也知道怎么解题。

在实际工作中，我们经常会碰到从上一任那里交接过来的流程、表格等。如果交接的时候不知晓这些流程背后的逻辑、不知晓表格的设计思路，那么外部环境一变，原来正确的东西可能就都错了。而你，因为不知道原理和设计思路，无法判断原来传承下来的东西是对的还是错的，那么，你很有可能就会一直做错的事情，这多可怕。

而如果知晓背后的逻辑，外部环境一变，你立马就可以判断出原来的东西已不可用，从而有针对性地调整流程，修改表格，这样就避免了犯错。

2. 遇到不懂的，一定要找到正确的人

自己不确定的事情，不要盲目去做，要多问几个人，多找几个人确认。否则，不仅会让自己做错事，还会耽误流程中上下节点的同事的工

作。问人的时候，一定要找到对的人，有的人自己都不清楚，去问他有可能会得到错误的答案。

这一点很重要，值得再三强调：找到正确的人，找到正确的人，找到正确的人！

（四）针对知道怎么做，却还是做错了的错误

这种错误叫无能的错误。明明会做却依然做错，那就不是无知，而是无能。避免这种错误可以采用制作核查清单的方法。

在观看《中国机长》这部电影的时候，有个场景让笔者印象很深刻。在飞机起飞前，飞机上的工作人员几乎都有一份很长的核查清单。然后对着这个核查清单一个一个地检查是否有问题。

可能检查了1000次都不会有问题，但在1001次，他们依然要一个一个对着清单进行检查。为什么？因为一旦哪个环节没有检查，出现了问题，就有可能导致整个飞机上的人都有生命危险。所以，这个程序虽然简单枯燥，但必须得做。

我们平常的工作也一样，在绝对不能出错的地方，把关键节点制作成一份核查清单，每次做的时候，都检查一遍关键部分有没有做对。

我们没有预料到的问题总是层出不穷，所以，在我们做好了第一版的核查清单后，每次遇到了新的问题，都可以把遇到的新问题加入核查清单当中。所以，你会发现：工作中犯的错误越多，核查清单就越长。

值得提醒的是，越是复杂的、需要多道工序的工作，越需要核查清单。

如何做事靠谱

在工作中，评价一个人做事靠谱，是一种极大的褒奖。靠谱的人是值得信赖的，值得信赖的人在工作中更容易获得机会。试想，谁愿意和一个做事不靠谱的人搭档呢？谁愿意把活交给一个不靠谱的人去做呢？

那么，怎么做事才算靠谱呢？

我们先把工作分为常规工作和非常规工作。

常规工作没有一个特定的定义，笔者对此的理解是：通常要做的工作就是常规工作。比如，在小公司一个人事专员通常要身兼数职，在这种情况下，更新花名册、招聘、办理入职、办理离职、组织员工活动、快递收发等就全都是他的常规工作。

非常规工作简单来说，就是并非通常要做的工作，它具有一定的偶发性，多数时候是临时接到的工作任务或者阶段性任务。比如，上司突然让你提供一份之前没有提供过的数据；一个新的项目上司让你写标书等。

一、常规工作

对于常规工作来说，利用操作手册加工作清单基本可以达到做事靠谱的要求。操作手册解决的是怎么做的问题，工作清单解决的是避免遗忘及跟进进度的问题。

操作手册的内容基本包括：流程、操作时间、相关人员、关键点、易错点、难点以及注意事项等。

操作手册的呈现形式可以根据自己的喜好进行选择，文档、表格、幻灯片或者思维导图等都可以。

最开始编写操作手册的时候大概率会有遗漏，不必担心，不要急于求成，编写操作手册是个动态的过程，很难一步到位，需要在后续工作中不断添加内容，对其进行完善。

编写操作手册的目的是为了将操作过程事无巨细地记录，方便后续查询，避免犯错。基于这样的目的，就要求操作手册要准确、无遗漏。怎样的操作手册可以达到这样的要求呢？

答案是：“傻瓜式”的操作手册。

一份好的操作手册一定是“傻瓜式”的。什么是“傻瓜式”的操作手册呢？就是详细且清楚到一个“傻瓜”看到这样的操作手册后，都能准确无误地按照手册上的操作方法进行操作。

由于不同公司，同一岗位上同一事件的操作方法可能不相同，所以，笔者在此处不特别举例说明。

操作手册的内容就介绍到这里，接下来我们介绍工作清单。

工作清单在上一篇文章中已经提到过。一般来说，工作清单包括工作内容、完成时间、进度、备注等，通常以表格的形式呈现。以更新花名册为例，可以在表中进行如下方式的填写：

工作内容	完成时间	进度	备注
更新花名册	每月 15 日	待处理	目前新增 2 名新员工，需要更新他们的信息

此处需要特别说明的是进度这一栏，进度一般分为：待处理、处理中和已完结。

不同的人习惯不同，笔者喜欢用颜色来区分不同的进度，而不是把进度作为单独的一列填在清单中。笔者自己的工作清单有三列，分别是：工作内容、完成时间以及备注。笔者每天会去看工作清单，如果还没有到处理的时间，那一行就不做任何处理。如果是处理中，就标蓝色；如果已完结就标红色。

这样用颜色来区分进度可以一目了然，一下子就知道目前哪些事情还不需要处理，哪些事情正在处理当中，哪些事情已经处理完了。如此一来，常规工作就不容易遗漏。

操作手册告诉我们事情该怎么做，做的时候有哪些地方容易出错需要注意；工作清单告诉我们什么时间做什么工作，工作有没有做完。两者相结合，就是常规工作做得靠谱的秘籍。

二、非常规工作

我们按照工作的复杂程度将非常规工作分为简单工作和复杂工作。按照需求是否可以明确分为可以明确需求的工作和无法明确需求的工作。再将这四个属性画一个二维四象限图，就可以把非常规工作分为以下几种：可以明确需求的简单非常规工作，可以明确需求的复杂非常规工作，无法明确需求的简单非常规工作，无法明确需求的复杂非常规工作。不同类型的工作，处理的方法是不一样的，我们逐一来分析。

（一）可以明确需求的简单非常规工作

简单这个属性很难列一个明确的标准去界定，笔者根据工作经验大致将不需要多人参与沟通、无须太动脑的事情归为简单的事情，比如说：打印、提供简单的数据、点外卖、寄快递等。

做简单的事情，可以按照以下流程进行：

接收任务—确认需求—执行—反馈—总结改善。

我们拿打印合同并盖章这件事为例，这件事笔者将其归为可以明确需求的简单工作。

某一天，你的上司跟你说：“小王，把这份合同拿去打印盖章。”

你接到这样的任务后，是不是立马就要去做呢？不是的，因为这个需求是本可以明确却没有明确的。

合同打印，是双面打印还是单面打印？是黑白打印还是彩色打印？

盖章，是盖合同章还是盖公章？多数公司的合同既可以盖公章也可以盖合同章，但是，有些公司会特别要求，只接受公章。另外，盖章的地方每个公司的要求也会不一样，有的公司对骑缝章没有要求，有的公司必须要盖骑缝章。

因此，这样一件看似简单的事情如果没有问清楚，会导致反复操作。与此同时，上司对你的工作能力还会产生怀疑。

试想，最开始，你单面打印，盖好章，给上司。上司一看，把合同一扔，说：“你怎么能单面打印呢？我们公司提倡节俭，每个部门 A4 纸的量都是有限的，你这太奢侈了。而且，最重要的是，对方公司只接受双面打印。赶紧去，重新打。”

“你也没告诉我要双面打印啊。”你怀着这样的委屈心理回去双面打印，打印完再给上司，上司一看，合同又一扔，说：“你这盖章怎么可以盖合同章呢？对方公司只接受公章，重新打印盖章。”

你此时已经委屈得不行，但是，没办法，你还是得重新打印盖章。这样一件简单的事，需求没明确，可能要做三四遍才完全做完。做完后，你委屈地离开上司的办公室，上司看着你的背影连连摇头，默默叹口气：“这届新人不行啊。”

这件事谁的错？都有错。上司布置任务的时候，没有明确需求，下级接收不明确的任务时，没有跟上司确认需求。

很多管理者在布置任务的时候都会忽视明确需求这一点，他们喜欢所谓的“悟性”高的员工。布置一个没有明确需求的任务，有的员工善于揣摩，揣摩对了，事情办对了，皆大欢喜。有的员工不善揣摩，误解了意思，办砸了事，轻则挨批，重则走人。

但是，悟这个东西，不见得每次都对，一个人不可能是另一个人肚子里的蛔虫，总有错的时候。

而很多刚进入职场的年轻人，总怕自己多问几句上司会嫌弃自己笨，接到任务也没想要明确需求，直接拿起来就干。

双方都不明确需求，就导致最终上司要的是A，下级交出的却是个B这样的结果，效率大打折扣。

那怎么办呢？明确需求呗。

依旧拿这个例子来说，当你收到了这个需求后，第一时间去跟上司确认需求。你可以这么说：“王总，我跟您确认一下需求。咱们合同黑白双面打印，盖公章、骑缝处也要盖章，日期不填，签名处不动，是这样的吗？”与此同时，去确认下公章或者合同章是否在公司，确认今天能否盖章。

如果上司的需求不是这样的，他可能会回复你他的真实需求。如果上司的需求就是这样的，他也会给你回复："是这样的。"

如果确认需求就是这样的，同时你又得到反馈公章不在公司，得明天才能到。这时，你就可以跟上司说："好的，王总，需求我已经明白了。但是，公章今天不在公司。这份合同急吗？要是很着急今天就必须盖章的话，我把这份合同交给财务部，让他们帮忙联系现在手里拿公章的同事给咱们盖章。要是不急的话，公章明天回公司，我明天去盖，您看，这样行吗？"

这样一来一回，即便今天没有盖成章，上司也不会怪你，而且对你的办事能力还很认可。

这样一对比，办事能力立见高下。由此也可以看出，明确需求在实际做事的过程中多么重要。

需求，解决的是方向性问题，如果一开始的方向就错了，后续执行力再高也没用。

对于简单的事情来说，需求明确之后就是执行。在执行方面，需要再次拿出来的一个工具是——备忘录。

简单的事情一般操作也不需要花太长时间，这时候就特别容易忘记。比如说，别人跟我们说一个简单的任务：帮忙寄快递。我们正在忙，点头答应了这件事，说不定转身就忘记了。连事情都忘得一干二净，哪里来的执行力呢？

有备忘录就不一样，这也是一个好的工作习惯。当别人给我们说一件事情的时候，当下无法立马处理的，一定要记录在备忘录里。这样，等我们把手头上的事情做完后，去看备忘录就不会忘记这件事。

那么，事情执行结束要干什么呢？要反馈。网上有句很出名的话，是这么说的："所谓靠谱的人，就是事事有回应、件件有着落、凡事有交代。”其中，凡事有交代说的是反馈。

依旧拿寄快递这件事来说，我们把快递寄出去了这件事就完了吗？不是的。你寄出去之后没有把快递单号给人家，没有告诉人家说你已经寄走了，这件事就没有完，专业点说，就是事情没有闭环。从任务发起人开始到任务发起人结束，这就是一个闭环。

换位思考一下，如果是你，你让两个人帮你寄快递，小 A 把快递寄了，但一直没告诉你寄好了，你心里是不是就一直有件事搁在心上。小 B 寄了之后把快递单号给你了，告诉你已经寄出去了，这件事你是不是就可以放下了。与此同时，你是不是会想，怎么小 A 做事这么不靠谱，寄个快递要这么久。

后面，你去问小 A，小 A 告诉你快递早就寄出去了，说不定你心里还是会有怀疑，是真寄出去了还是假寄出去了。然后，你让小 A 把快递单号给你，确认是否真的寄出去了。即便最终小 A 真寄了，但是对于你来说，体验并不怎么好，尤其在有对比的情况下，你自然就会认为小 B 的办事能力更强。

看，同样一件事情，小 A 和小 B 一起做，就因为反馈这个环节的差别，在你心中，办事能力就有了高下之分。

反馈之后事情就做完了吗？如果你不需要成长，那么这件事就这么完成了。但是，会翻开这本书的你，一定是想要成长的。既然想要成长，那么事情就没做完，还需要做什么呢？要复盘总结，要改善。

对于简单的事情来说，可以在事情做完后立即复盘。比如小 A，虽然这件事小 A 没有做好，但是，在事情结束后，他及时复盘了。

从接收任务、确认需求、执行到反馈，他一个环节一个环节地总结，自己是哪里做得不好。最后，他总结出来，这次事情，在反馈环节他没有做好，然后得出一个经验：下次做完事情之后一定要把结果告诉别人，做好反馈工作。

这就是成长。下次再碰到类似的事情，他就知道该怎么做了。

结合上述几个案例，我们对如何做可以明确需求的、简单的非常规工作来做个总结。

（1）做可以明确需求的简单工作，流程是：接受任务—确认需求—执行—反馈—总结改善。

（2）简单的工作不一定都能完美地完成，需求的明确非常重要。

（3）反馈很重要。靠谱的人，就是事事有回应、件件有着落、凡事有交代。

（4）简单的事可以及时复盘。复盘之后的收获就是经验和成长。

（二）可以明确需求的复杂非常规工作

本篇内容较多，能读到这里实属不易。若是读得累了，可以好好休息一会儿，把书签夹在这一页，下次回来继续读。

如果还能继续读下去，也请闭目好好回想刚才所讲的内容：如何做好可以明确需求的、简单的非常规工作。

在我们的实际工作中，不仅有简单的工作，也有复杂的工作。笔者在这里大致将需要牵扯到多人沟通的、需要制作方案、耗时较长的工作归为复杂工作。

这个分类只是笔者自己的分类，仅凭经验而谈，没有什么理论依据。但是，这样的分类，对于新手来说已经足够了。

复杂的工作，可以按照以下流程进行：

接收任务—明确需求—制作方案—确认方案—执行—跟进进度—反馈结果—总结改善。

明确需求的重要性已不必多说，此处，笔者要特别强调在明确需求的过程中一项很重要的因素：任务的截止时间。

实际工作中经常会有管理者布置工作任务而没有明确截止时间，然后，任务是布置下去了，结果是迟迟都没有，最后整件事情都不了了之，所有人都忘记了。（这样的事在实际工作中非常常见）为了防止这种情况发生，在明确需求的时候，最好都加上任务的截止时间。

明确需求之后要制作方案。笔者介绍三个与制作方案有关的方法：黄金圈法则、四流法和4W2H法。

黄金圈法则用在思考的顺序上，四流法用在思考的过程中，4W2H法用在方案输出上。

黄金圈法则是西蒙·斯涅克（Simon Sinek）在《从"为什么"开始：乔布斯让Apple红遍世界的黄金圈》一书中提出的一种思维模式。

读到此处的你，可以在旁边拿张纸，在纸上画三个同心圆。

最里面的圆写"Why"，对应的是为什么做这件事，是目的、原理、初心。

中间的圆写"How"，对应的是怎么做，是方法。

最外面的圆写"What"，对应的是做什么，是具体的事情。

西蒙·斯涅克的黄金圈法则教给我们思考的顺序是：Why—How—What。先思考为什么做这件事，想明白了做事情的目的，再想我怎么去做，最后再是要做什么。

这种思考的顺序用在主动去解决问题以及无法确定究竟做什么的时候很管用。

但放在被动接收任务的情况下，就要用到它的变形了。比如说，我们制作方案，就可以使用：What—Why—How这样的思考顺序。（这也充分说明，任何好的方法都有其适用范围。）

我们接收任务，明确了需求，就意味着，我们已经知道了自己要做什么，也就完成了 What 这一步。

接下来，我们要做的就是思考为什么要做这个事情，这一步的思考非常重要。

有句话叫“条条大路通罗马”。在这句话里，通罗马就是我们的目的，条条大路是我们的方法。只有明确了通罗马这个目的，我们才能找到条条大路。

也就是说，只有我们想清楚了，我们为什么要做这个事情，我们才可以围绕这个目的想出更多的方法。

举一个简单的例子，有一天，上司给你布置了一个明确的任务：小王，周五之前写一份新员工融入方案，写完后发我邮箱。

你接到这个任务后，第一反应是，这是一个明确的需求吗？经过认真思考后，确认这是一个明确的需求。

接着，就开始思考，为什么要做新员工融入这样的事情呢？经过一番思考，你认为目的是为了帮助新员工尽快融入公司，尽快上手工作。

明确了这个目的之后呢？你又继续思考：怎么样才叫融入了呢？

既融入了物理环境，又融入了文化环境，才叫真正的融入。

接下来，如何融入物理环境，如何融入文化环境？这就是 How 的层面了，到了 How 的层面，我们可以使用四流法加强思考的全面性。

四流法指的是从“信息流、物流、现金流、人流”四个方向去思考问题的方法。

信息流：顾名思义，是信息流动的方向。我们在思考问题的时候，要考虑到信息的流动，思考信息是怎样传递的。在这个例子中，我们需要考虑到的是新员工获取信息的来源。新员工获取关于公司的信息可以通过网络、也可以通过老员工之间的对话，还可以通过新员工自己与其他员工的互动或者新员工自己的观察等。

那么我们基于以上的思考，就可以在方案中写上诸如：优化公司在互联网上的形象、鼓励老员工多与新员工交流、给新员工指定导师、人力资源部门要多关心新员工等。

物流：物流就是物品的流动。在思考方案的时候，可以思考一下这个方案中会涉及哪些物品，这些物品的流动是怎样的。在这个例子中，我们可以就物品考虑到如下几点：是否需要给新员工发入职礼物，要在新员工入职前一天把他所需要的办公物品都置办好等。

现金流：现金流是指钱的流动，简单来说，就是要考虑到钱的因素，可以思考收益与风险、预算等与钱有关的因素。在这个例子中，比如，导师带新员工，带得好有什么奖励，带得不好有什么惩罚等。

人流：人流指的是人的流动。我们在考虑问题的时候，要考虑到与人有关的因素。比如说，这些事情会涉及哪些人，这些人的利益会有怎样的影响等。在这个例子中，比如新员工如果流失会涉及哪些人？你想了一下，觉得会涉及人力资源部门的员工、新员工的导师、新员工的主管以及新员工自己。那么这些与之息息相关的人，在新员工融入的环节分别扮演怎样的角色，要做怎样的事情？

经过对信息、物品、财、人这四个方面的分析，How 的内容会更全面。

接下来，就是输出方案了。输出方案可以参考“4W2H”法。这其实是根据黄金圈法则演变而来的一种方法，我们还可以经常看到“5W1H”“5W2H”等方法，原理都是一样的。

那么4W2H 具体指的是什么呢？

4W 分别是：Who、When、What、Where。中文意思大家都明白，谁、什么时候、做什么、在哪里，连成一句话就是谁什么时候在哪里做什么。

2H分别是：How、How much，中文意思大家也都明白，就是怎么做，多少钱。

这4W2H合在一起就是：谁在什么时候在哪里通过什么方式花了多少钱做什么事情。这句话很实用，我们平时工作的时候可以把这句话写在纸条上，贴在自己时时都能看到的地方。

实际上，我们在最终形成可操作方案的时候，无非就是数个“谁在什么时候在哪里通过什么方式花了多少钱做什么事情”的集合。

当我们通过黄金圈法则、四流法、4W2H法等方法制作好了方案后，就到了确认方案的环节。读到这里你可能已经忘了前文写的流程是怎样的，笔者在这里再重新把处理复杂工作的流程写一遍，加深你的印象，也方便你了解，目前我们已经讲到了哪个环节。

接收任务—明确需求—制作方案—确认方案—执行—跟进进度—反馈结果—总结改善。

说到确认方案，笔者一般将方案分为两种类型，一种是选择题方案，一种是解答题方案。

选择题方案顾名思义就是需要在多个方案中进行选择，比如说，选择哪家酒店作为年会场地；选择哪家酒店招待客户；选择哪家供应商提供原材料等。

这类方案在汇报给上司确认前，最好提供至少三个选项，并告诉上司你建议选择哪一个以及你选择的理由。

这样做可以减少上司的决策时间，而节省上司的时间是工作能力的一种体现。绝大多数的上司会因为你这样的做法而对你称赞有加。

相对的，解答题方案就是不需要在多个备选方案中进行选择的方案，比如前文列举的新员工融入方案，这种方案在汇报给上司之后，大概率是在原方案的基础上做添加或者删减的动作，最坏的情况是打回去重新写。

这类方案在汇报的时候可以跟上司说："王总，方案已经做好了。我第一次做，里面肯定有些地方考虑得还不够周到，恳请批评指正。"

当然了，这种很官方的话也不绝对有用，在说这种话的时候要充分了解上司是个什么性格的人，以及自己与上司的熟悉程度。

这里要再次提醒读者：实际的工作场景远比书中能列出来的多得多，即便是名师专家给出的方法也不见得适用于所有的情况，笔者给的方法更无法适用于所有情况。

所以，大家重点放在掌握思路、掌握原理上。思路和原理就像是武功心法。有了心法，我们不仅可以学习别人的招式，还可以自创招式。

经过接收任务、明确需求、制作方案、确认方案这些环节，接下来要做的就是执行了。

复杂的工作需要花费的时间也比较长，有时候需要涉及多个部门的沟通。所以，一份跟进表是不可少的，适时跟进进度有利于工作的完成。

如果在跟进的过程中，发现某个环节一直停滞不前，自己又无法解决的，要及时向上司反馈，或者请教其他人，直到问题解决。

这个时候千万不要太好面子，我们的最终目的是完成任务。

事情做完后就到了反馈结果的环节。反馈结果的时候要注意以下三点：

（1）反馈结果最好条理清楚，能一、二、三列明。

（2）如果结果是好的，先告知结果，再告知过程，这样会增加愉悦的效果。

（3）如果结果是坏的，先告知过程，再告知结果，这样会减少因失望引起的不满。

反馈之后呢？反馈之后就是总结改善了。

对于复杂的工作，由于涉及的人员较多或者耗时较长，所以，一般都是等事情做完后，集中复盘，而且是项目复盘或者团队复盘。

关于如何进行项目复盘或者团队复盘在本篇就不展开讲述。初入职场，我们作为团队的一分子，在进行团队复盘的时候，努力听别人复盘出来的经验，将其转化为自己的知识。同时，贡献出自己的那部分经验即可。

（三）无法明确需求的简单非常规工作

一般来说，简单的工作需求都相对明确。无法明确需求的简单非常规工作可能会有，但是，比较少。

对于此类工作可以按照如下流程展开：

接收任务—执行—反馈结果—商议需求—执行—反馈结果—总结改善。

需求无法明确但事情又不得不做的情况下，可以一边摸索一边行动。行动出了结果之后反馈，反馈的时候发现这个结果和预想中有差异，再共同商议需求，寻找到真正的需求，再执行，再反馈，最后总结。

由于上述环节中大多数环节在前文已讲，此处不再赘述。

（四）无法明确需求的复杂非常规工作

这类工作可以说是难度系数比较大的工作了。这种情况一样比较少。对于此类工作可以按照如下流程尝试展开：

接收任务—执行—跟进进度—发现问题—商议需求—执行—跟进进度—商议需求……执行—反馈结果—总结改善

同样的，由于最开始接收任务的时候需求无法明确，就只能采取边干边摸索的策略。与此同时，基于任务的复杂性，在执行过程中可能会发现很多问题，需要停下来解决问题，商议需求，然后再执行。在这个过程中，很有可能会重复走“执行—跟进进度—商议需求”这一段。但是，这又是最终定下一个大致明确的需求的必经之路。

由于以上两种类型的非常规工作在工作初期遇到的频率比较低，所以，笔者就不再着墨讲述。

三、小结

在工作中想要做一个值得信赖的靠谱的人，要有一些能做好事情的方法，但更重要的是要有一颗想要做好事情的心。简单来说，就是既要有想干好的态度，又要有能干好的本领。

常规工作和非常规工作组成了我们的整体工作。不同类型的工作有不同的方法，但基本的脉络是一致的：接收任务—确认需求（无法确认时就边干边确认）—执行（跟进进度）—反馈—总结改善。

有总结才能改善，改善了就是成长。

成长是一种态度

如何处理从未做过的事情

经过一段时间的适应，工作逐渐走向了正轨。这时候，上司可能会给我们安排一些从未做过的事情。

遇到这类情况你会如何处理呢？是直接问有经验的老同事还是先上网查一查呢？请你闭上眼想一分钟自己的答案，再带着答案和笔者一起来探讨。

在探讨这个问题之前，有三点笔者要说：

（1）在这个迅速变化的时代里，遇到自己从未做过的事情简直是家常便饭。所以，要做好充足的心理准备：在未来的职场生涯中，或多或少都会遇到各种从未遇到过的事情。当我们遇到这些事情时，不要惊慌失措，要冷静面对，告诉自己，这很正常。

（2）不要想也不想，就直接去问人。这样的做法，会让自己养成不爱思考的习惯。这样做可以快速解决当下的问题，但是难以形成自己的经验，下次再碰到同样的问题时，自己可能依然无法解决。另一方面，这样的做法会浪费他人的时间，尤其是他人时间特别紧张的情况下。现实工作中我们会遇到这样一类人，他们享受别人问自己问题时自我产生的优越感；但还有一类人，他们珍惜自己的时间，他们不太喜欢回答明明可以在网上搜到答案的简单问题。如果后者是你的上司，那么当你不经思考直接去问一个可以在网上搜到答案的问题时，大概率上他会质疑你的能力。

（3）当我们还是职场新手的时候，千万不要害怕被人说笨而不去主动请教。当我们今后成为管理者时，千万不要为了面子不懂装懂。要知道，这个世界的知识是无限的，即便是管理者也不可能知道所有的事情。在这个时代，敏而好学，不耻下问，效果或许会更好。

结合以上三点，笔者提供一个处理从未做过的事情的解题思路：

先自己想办法—再去网上搜索—最后问上司或者同事。

一、自己想办法

每一家公司、每一个人面临的具体环境都是不一样的。一个好的方法可能适用于A公司，却不见得也适用于B公司。适用于小王却不见得也适用于同一公司同一部门的小李。

所以，我们在想解决办法的过程中，一定要结合公司和自己的实际情况。视情况而定，将是本书中提到次数最多的内容。

在上一篇中，我们绍了几个工具：黄金圈法则、四流法和4W2H法。这三个工具同样适用在此处，而且运用的方法是一样的。如果不太记得了，可以往前翻一翻，此处就不做过多解读了。

在这三个工具之外，本篇再介绍三个工具，帮助我们梳理思路。三个工具分别是：MECE法则、5Why法和上下五步法。

（一）MECE法则

MECE法则是一个思考工具，由麦肯锡的咨询顾问芭芭拉在《金字塔原理》中提出。它是 Mutually Exclusive Collectively Exhaustive 的缩写。翻译过来就是“相互独立，完全穷尽”。

MECE 法则是一个非常简洁的基础思考工具，很多闻名于世的思考工具都是建立在 MECE 法则的基础之上，比如 SWOT 分析、五力模型、波士顿矩阵等。

在笔者自己的理解中，MECE 法则就是一个帮助我们将事情进行分类的工具。在 MECE 法则基础上建立起来的 SWOT 分析、五力模型、波士顿矩阵、PEST 分析、营销 4P 等工具无一不是将我们需要做的事情进行分类。(如果不熟悉这些工具，可以到网上进行查询了解。)

分类之后呢？分类之后就可以对症下药。

举个很简单的例子。假如你是一名销售，你现在面对着一个客户，你跟他交谈的方式、态度和内容会和你之前的客户一模一样吗？显然不会。为什么？因为客户的性格不同，需求不同。

那怎么办呢？

我们就要对客户进行分类，然后不同类型的客户采取不同的应对方法。

MECE 法则就是用在分类的过程中。MECE 法则有两个原则：不重叠和不遗漏。

如果让你对客户进行分类，你会怎么分类呢？

你可能会分：年轻男人、中年女人、已婚人士等，很显然这样的分类有些混乱，年轻男人可以是已婚人士、中年女人也可以是已婚人士，这就违反了不重叠的原则。而且，这样容易遗漏，比如说单身老年女性这个群体就不太容易被记忆起来。

那我们怎么使用 MECE 法则进行分类呢？

我们先找一个维度，比如说性别维度，从性别维度上将客户分为男性和女性。

接着从年龄的层次区分，由于一般情况下，客户不太可能是小孩，所以一般情况下我们只将客户分为年轻人、中年人、老年人三类。

这样就有了六种分类：年轻男性、年轻女性、中年男性、中年女性、老年男性、老年女性。

再接着，我们从婚姻状态上进行分类。婚姻状态我们可以分为单身、已婚、离异这三种。这样就有了18种分类，而且整个过程不重叠、不遗漏、思路清晰。

在这个分类的基础上，再根据公司需要了解的情况添加下一级分类项目，比如爱不爱贪小便宜等。

这样的客户分类一出来，我们再针对具体的客户类型设计特定的沟通话题和话术，效果会更好。

这就是MECE法则，一款简单却强大的思考工具，帮助我们进行结构化思考，将事情进行分类的工具。

（二）5Why法

5Why法是一种帮助我们从表象追踪到本质的思考工具。

5Why法，顾名思义就是问5个“为什么”，这里的“5”是个虚数，可以只问三个“为什么”，也可以问十多个“为什么”。重要的不是问了多少个“为什么”，而是有没有通过这些“为什么”找到事情的本质。

《空中浩劫》纪录片里讲了这样一个故事，说英国有一架飞机在飞行过程中驾驶舱的舷窗飞掉了，机长上半身被吸出去，幸亏脚勾着操纵杆，飞机才惊险降落。

事后调查的时候，发现是飞机舷窗的螺丝小了一号，导致舷窗承受不了压力飞掉了。调查员在调查的时候，就采用了类似5Why法这样一种打破砂锅问到底的方法。

大意如下：

为什么螺丝会小一号？

因为机械师减少了工艺，本来应该先用千分尺测量之后再安装螺丝的，但是机械师在安装之前没有测量。

为什么不测量？

因为当时任务超过平时的负荷，机械师为了完成任务，就没有用尺子测量，而是凭肉眼选螺丝。

为什么凭肉眼选螺丝会选小一号？

因为螺丝的配件盒都是按从小到大的顺序放置螺丝的，相邻盒子螺丝的尺寸看起来差不多。

到此，原因出来了。

于是，在那之后，机械师的螺丝盒里的螺丝再也不是按顺序排列的，而是相邻盒子间隔两个尺码，这样，凭借肉眼就可以看出两个螺丝的尺寸不对。

这个例子充分说明，影响巨大的事件发生的背后的根本原因可能十分细小。要拨开迷雾找到最根本的原因，打破砂锅问到底或许是个不错的方法。

只是，在使用这个方法的过程中要注意两点：一是提出正确的问题，二是区分原因和借口。要做到这两点并不容易，5Why法看上去很简单，实际的操作过程却并不简单。一不小心就会偏题或者拿借口当原因，很难找到真正的根本原因。

幸好，还可以多练习。通过不断练习5Why法，可以提高自己看透本质的能力。要知道，高手都是擅长提问的，不断追问，就会迅速从表象进入到实质，当追问不出答案的时候，创新的思维和理论就开始形成。

那么，就让我们从问“为什么”开始，修炼成职场高手吧。

（三）上下五步法

这是笔者的一位朋友教的一个方法，笔者受益匪浅，特在此处分享。

所谓上下五步法就是向上五步找原因，向下五步看影响。其中向上五步找原因与5Why法一样，就是打破砂锅问到底，找到根本原因。

只不过，很多时候，只找到了根本原因还不行，还要了解事情可能会造成的最终影响。怎么看最终影响呢？也是提问，只不过不是问“为什么”。而是问“然后呢”。

A事件发生之后会发生什么事情呢？会引发B事件，然后呢？会引发C事件……

如此类推，通过这样的提问进行逻辑推演，从而找到预想中的最终的影响。虽然这个最终的影响与实际的影响会有差池，但不妨碍我们以此为基础，结合根本原因一起来制定解决方案。

MECE法则、5Why法和上下五步法都是思考工具，帮助我们在遇到没有做过的事情以及难题时能够理清思考脉络，提高思考质量，快速找到解决问题的办法。

在平时的工作中，可以尝试多用用这些工具。用得多了，这些思考的工具就会成为我们思维的一部分，从而提高我们的思考效率和质量。

二、上网搜索

现实工作中，总不可能什么事情自己都能搞定。即便我们掌握了很多思考工具，但因为经验不足等原因依然会有一些问题我们无法自己想到办法解决。

这个时候就要开始借助网络。一定要记得这句话："互联网发展这么多年，你想了解的东西，你想要问的问题，在这个世界的某一个角落一定有人先问过了。"

所以，当遇到了自己没有接触过的事情，自己想破脑袋也想不出法子来的时候，可以去网上找答案。怎么找呢？笔者提供以下思路，仅供参考。

（一）通过搜索引擎查找

搜索引擎是使用最广的一种方法。打开浏览器，可以使用百度、谷歌等搜索引擎进行关键词查询。

比如，上司让你写一个活动策划，你之前从未接触过，那么就可以在搜索引擎的搜索框输入"××活动策划"，就会出来很多与之有关的网页信息供你参考。

（二）在微信、QQ 等社交类 App 中找

通过关键词搜索可以搜索到相关的 QQ 群，比如，输入"人事专员"，就会跳出来很多人事专员的群，可以选择进群问大神。当然，这个过程中要注意避免被骗。

除了加群的功能，微信和 QQ 里还有很多资讯和文章，可以通过搜索关键词找到一些合适的文章进行学习。

（三）在知识类 App 中查找

这种类型的 App 有很多，比如，得到、喜马拉雅、十点读书、创业邦等，也可以先在网上找一找这类 App，然后下载下来，找到相关课程进行学习。或者在一些 App 中提问，比如，知乎、微博、头条等。

除此之外，还有一些专门付费请教大神的 App，这里就不过多介绍了，你要是感兴趣的话可以在网上多找找。

互联网时代，一定要学会搜索，很多问题的答案网上都会有。

你可能会说，不对，还有一种，就是看书。没错，浩瀚书海中总有一本书可以解答你心中的疑惑。但是，怎么找到这本书呢？还是可以先上网查一查。说不定，网上的某个答案里就有类似“可以看《××》书，这本书里介绍得很详细。”这样的话。

上网搜索能解决大部分与公司具体业务关系不大的问题。

三、问上司或者同事

什么样的问题最终还是需要问到上司或者同事呢？

一些与公司具体业务细节有关的问题。

为什么这种类型的问题要问上司或者同事呢？

因为解决这类问题涉及的信息属于公司的独有信息，这些独有信息是其他人不清楚的，所以，亲友或者网友很难给出好的解决方案。

那么，怎么问人呢？

首先，要问对人。这一点很重要，在前文中我们也提到过。一只乌龟不可能告诉你飞行中的注意事项，因为，它自己都不会飞，它告诉你的答案能有几分参考价值呢？

其次，要看这个人的性格。如果他是一个享受被问问题的人，那么，可以多问一些。不必特意强调自己之前为此做的努力，提问，然后倾听，把好的经验记录下来。

如果他是一个时间紧张、讲究高效的人，那么，在提问之前，最好先凝练自己的问题，直截了当问出自己想要问的问题。与此同时，告知对方自己为此做过的一些尝试。让对方看到自己是做了准备的，看到自己的诚意。

无论对方最终给出的答案是否让你满意，都要表达真诚的感谢。毕竟，对方牺牲了自己的时间来教你。

最后，我们再来走一遍解题思路：先自己想办法—再去网上搜索—最后问上司或者同事。

人类对于未知的事物总会有一种天生的恐惧，但，我们终将克服。

当你哪天遇到了自己从未处理过的事情，可以再次翻开本书，找到这一篇。希望那时，这些方法依旧可以给你提供灵感，帮助到你。

如何有效地优化工作

当我们经过长时间的刻意练习，对常规的工作能够做到熟练掌握、对工作的底层原理能够透彻了解后，我们很可能会发现我们做的工作，有些环节是重复的，有些环节是缺失的。这些或重复或缺失的环节导致了我们的工作效率无法达到预期。

怎么办呢?

这时候我们就要开始对工作进行优化了。通过优化工作，达到提高质量、提升效率的目的。

为什么我们要在透彻了解工作原理之后再去优化工作呢?

因为如果我们对工作原理没有透彻的了解，我们很有可能压根无法发现问题或者无法发现问题的本质，很有可能被表象所迷惑。最坏的情况是，自以为的优化导致了最“致命”的问题发生。

此处，需要特别指出，本章所讲的优化工作中的“工作”具体指流程，工作优化亦即“流程优化”。

根据笔者的工作经验，笔者将流程优化分为以下几种类型：

（1）在原流程的基础上，增加一个或多个环节。

（2）在原流程的基础上减少一个或者多个环节。

（3）原流程环节数量及内容不变，仅更换先后顺序。

（4）原流程的环节数量与顺序都不变，部分环节进行内容替换。

（5）原流程全部被替换。

我们分别针对以上五种情况进行探讨。

一、在原流程的基础上，增加一个或多个环节

举个简单的例子：付款流程。

假设某公司原本的付款流程是这样的：申请人提交 OA 申请—部门负责人审批—出纳付款。

这里简单解释一下流程的每个环节。如果读者是已经在职场工作的职场人则可以忽略掉这部分的解释，如果读者是还没有毕业的学生或者是刚毕业正在找工作的毕业生可以认真看看。

申请人很好理解，就是要发起付款的这个人。

OA 是一种公司内部的办公系统，不是所有的公司都会有 OA 系统，有些小公司的流程基本走线下，也就是使用纸质申请单。

部门负责人审批很好理解，就是这个申请人所在的部门的负责人要对这个付款的流程进行审批。

出纳是一种岗位，岗位的职责是：按照有关规定和制度，办理本单位的现金收付、银行结算及有关账务，保管库存现金、有价证券、财务印章及有关票据等工作的总称。

出纳与会计是两个不同的岗位，各自有不同的工作职责，刚创业的小公司或者作坊形式的小公司很多时候只有出纳岗，没有会计岗，会计需要做的记账报税的业务都是外包的。

说回到流程本身，这是一个很简单的常规流程。最开始业务少，走

得挺顺的。突然有一天，小A要申请一笔5万元的经费。

5万元的经费超过了部门负责人的审批权限，到了出纳付款的环节，出纳以“金额较大，超出审批人权限”为由把流程给驳回去了。

那这个流程就走不通了，怎么办呢？

增加一个审批人审批的环节，比如在部门负责人审批之后增加总经理审批。这样流程就变成了如下形式：

申请人提交OA申请—部门负责人审批—总经理审批—出纳付款。

流程一变，出纳就可以付款了。该公司的公账网银有两个优盾，为了方便付款，两个优盾都在出纳那里（这样的做法是不对的）。出纳付款的时候多输了一个0，把50000元，打成了500000元，复核也是出纳本人，她没有仔细去看，钱就这样付出去了。

付出去不到一分钟，总经理的手机上收到一条银行发来的短信，提示刚转出了50万。总经理的心咯噔一下提到了嗓子眼，心想：我不是审批的5万元吗？怎么付出去了50万？

于是，他立即打电话给出纳，出纳一检查，发现自己在付款的时候多打了一个0。总经理赶紧让部门负责人找申请人，追回剩下的45万。

总经理挂完电话，后背一凉，赶紧跟出纳说，流程要改，在出纳提交付款之后，增加一个复核环节。于是，流程又变成了如下形式：

申请人提交OA申请—部门负责人审批—总经理审批—出纳制单—总经理复核（此处根据实际情况选择复核人员）。

终于，后面再也没有发生过转错钱的情况了。

这个结果算是有惊无险的。我们做一个极端的假设，倘若这家公司账户里总共就50多万，转了50万出去，小A收到50万后立即跑路，那对这家公司而言就是“致命”的打击了，说不定就直接宣布破产了。毕竟对于企业来说，现金流就是赖以生存的血液，没了现金就相当于没有血液，是无法继续生存下去的。

由此可见，流程的环节缺失轻则影响工作效率，重则影响公司生存。

实际工作中，流程的优化通常出现在问题发生之后。但是，当我们熟悉了工作内容，透彻了解了工作原理，我们就可以在问题发生之前对流程进行优化，从而提高效率、避免不必要的损失。

二、在原流程基础上减少一个或者多个环节

在简化流程这项工作中，有一个非常知名且好用的工具，叫“奥卡姆剃刀定律”。

这个工具是由奥卡姆这个地方的一个叫威廉的人提出来的，这个定律也经常被叫作“如无必要、勿增实体”。说白了，就是能简单就不要复杂，能两步做完，就不要走三步。

“奥卡姆剃刀定律”的应用范围非常广，本章我们仅介绍其在简化流程上的应用。

在简化流程时，我们要问自己几个问题：

（1）这个流程节点可不可以取消？如果取消会不会对整个流程造成影响？如果会造成影响，会造成怎样的影响？

（2）这个节点与其他节点能不能合并起来？

（3）这个节点可不可以用其他更简便的方式替代？

问完这几个问题后，我们心中对该流程的简化就有一个答案了。这个原理很好懂，笔者就不另外举例说明了。

三、原流程环节数量及内容不变，仅更换先后顺序

关于顺序这一点，笔者经常举的一个例子就是制作 PPT。

最开始，笔者自己制作 PPT 的顺序是这样的：先挑选模板—然后一边想一边填内容—排版。

用这样的流程，每次做 PPT 都要花 2 ~ 3 个小时的时间，甚至更长，效果还不是很好。

为什么呢？因为做着做着发现前面有些地方少了内容，要添加内容。于是，返回去重新制作那一页的内容，重新排版。如此反复，不仅思路不清晰，反而还容易遗漏内容。

笔者记得，最糟糕的一次是，做到半途，觉得模板不符合主题风格。于是花了很长的时间重新挑模板，挑完模板后又重新把 PPT 做一遍。光是做一个 PPT 就花了一天的时间。

那次经历实在太痛苦了，后来，笔者就把顺序改了一下，改成：先想内容—挑选模板—填写内容—排版。改了顺序之后，做 PPT 的时间缩短到了 30 分钟，而且效果还不错。

为什么会这样呢？

我们制作 PPT，最核心最重要的是内容。在制作之前，先花时间把思路想清楚，把框架搭建好，把内容想好。有了框架之后，就可以根据框架和想要表达的内容挑选适合的模板。接着就只需要往模板里添加内容，进行排版。这样的做法省掉了反复返工的时间，效率大大提高。

制作 PPT 的这个事情给了笔者很大的感触，正是那时候，笔者发现，顺序在流程中很重要，可我们却常常忽略。

在那之后，笔者每次要优化流程的时候，不仅会想到增减节点，还

会想，如果这些节点的顺序打乱会有怎样的效果。这些节点怎样排序会达到最高效的结果。

四、原流程的环节数量与顺序都不变，部分环节进行内容替换

这一点很好理解。我们在讲到使用“奥卡姆剃刀定律”要问的问题时，有一个问题是“这个节点可不可以使用其他更简便的方式替代?”这个问题说的就是这一点。

依旧拿付款流程为例。前文提到付款流程最后演变为：

申请人提交OA申请—部门负责人审批—总经理审批—出纳制单—总经理复核。

随着公司的发展，总经理越来越忙，没有那么多的时间花在付款的复核上，于是，经常发生付款慢的情况。而且，总经理也需要把时间放在更重要的决策事务上。怎么办呢? 这时候公司刚好招聘了一位做账的会计，这时候正好就可以把总经理复核的环节改成会计复核。如此，总经理只需要做一次审批即可。

流程就演变为：

申请人提交OA申请—部门负责人审批—总经理审批—出纳制单—会计复核。

流程变成这样之后，付款的效率高多了，总经理也可以做更重要的事情了。

五、原流程全部被替换

严格意义上讲，原流程全部被替换不属于优化工作的范畴，更像变

革、毁灭后的重生。

与优化工作相比，变革的难度瞬间提升了成百上千倍。一方面，习惯的力量是很恐怖的，要把一个所有人都熟悉的东西毁灭掉，再重新创造一个新的东西去适应，很多人是不愿意的。另一方面，变革势必会触动部分人的利益。所以，想要变革成功，必须把参与到变革的多方的利益关系以及变革后的利益关系处理好，这里面涉及的内容就比较多了，本章就不过多讨论。

流程优化不是一个一次性就能到位的事情，它是动态变化的，随着企业的发展，随着外部环境的变化，流程优化的工作会一直存在。作为一个追求高效的职场人，一定要时刻保持流程优化的意识，找到机会就做一次优化，提高自己的工作效率。

如何高效沟通

前几篇我们都在聊做事，但工作中除了与事打交道，还需要和人打交道。说到和人打交道就离不开沟通。沟通在我们日常生活和工作中的重要性相信无须笔者多言，每个人都清清楚楚，明明白白。

何谓沟通？所有与外界进行信息交换的事情，都是沟通。

一对一交流是沟通，阅读是沟通，写作是沟通，演讲是沟通，开会是沟通，培训是沟通，谈判也是沟通，由此足见沟通体系之庞大。市面上关于沟通类的书数不胜数，其中不乏传世的经典著作。

本书的定位是工具类书籍，旨在帮助读者在遇到相似问题时可以随时翻看，从书中找到一些解决问题的思路和灵感。

基于这样的理念，本书的理论篇幅相对较少，多数内容都与实际工作密切相关，本章也一样，本章的重点放在日常沟通的常见问题和解决方法上。

1. 不擅长利用多样的沟通工具

工作中常见的沟通工具有：QQ、微信、钉钉、邮件、电话等，不同的沟通工具有不同的特性。

按沟通效率的高低，笔者将其排序为：面对面沟通、电话沟通、

QQ/微信/钉钉、邮件。

面对面沟通的效率是最高的，现在很多人都习惯使用微信和钉钉这类网络沟通工具，即便相隔只有几米，也宁愿在微信上聊半个小时，而不愿意当面说几分钟。

面对面沟通的高效性在于一方面面对面沟通的时间是属于两人或参与沟通的多人专属的，在面对面沟通期间，参与双方不可能还做其他事情。另一方面，面对面沟通，可以看到对方的表情，可以听出对方的语气，不容易产生误解，没有误解，就不会有不必要的争吵，沟通自然就会更高效。

因此，在容易产生分歧的事情上，在需要紧急拿出方案的事情上，如果双方都在一个办公区域，笔者建议最好还是采取面对面沟通的方式。

电话沟通与面对面沟通的相似性在于沟通的时间是专属的。一个人基本上不可能在和另一个人通话的时候还可以专心做别的事情。

笔者就有过一边用手机接电话，一边在电脑上回复微信消息的经历，但往往回复消息后，没记住电话另一头的人说了什么，又要问一遍，这就很尴尬，对方就知道你没有认真听电话。

在打电话的时候，要经常使用“嗯”“对”“是这样的”“你刚说的××方案，我觉得……”等句式来保证双方的同步，让对方知道，你在听电话，你知道他说的内容。

由于电话沟通的时间是专属的，所以，电话沟通的效率相对也是较高的，对于一些紧急事情，需要尽快得到答复的事情，对方又不在附近，电话沟通一定是首选。此处的电话沟通不单指通过手机拨号的形式，也包括微信语音、钉钉语音、钉钉电话等。

但是，电话沟通因为看不到对方的表情，有时候只通过语气表达容易使人产生误会。以前还没有视频功能的时候，异地的恋人只能通过电话沟通，就特别容易发生争吵。所以，在电话沟通的时候，要注意说话的语气、语调，不要让人产生不必要的误会。

QQ、微信和钉钉是目前国内职场上用得比较多的网络沟通工具，当我们不使用微信、钉钉进行语音通话的时候，这些网络沟通工具就是异步的。你给对方发一条消息，对方看到后，可以选择马上回复你，也可以选择几个小时后回复你甚至两三天后回复你，这样的沟通效率就不适用于紧急事件。钉钉还好一些，有已读功能，当对方看了你的消息后，界面会显示“已读”，迫于社交压力，对方也会相对及时地回复。

但是，网络沟通，双方只能看到文字，无法看到对方的表情也无法听到对方的语气，是特别容易产生误会的沟通方式。笔者就见过不少不擅长网络沟通的同事，互相之间因为很小的事情闹得不愉快，产生了很大的误会。

在个人篇的第十二篇《如何提升职业化水平》中，笔者会提供一些微信沟通中的注意事项清单，此处只简单提一句：既然网络沟通容易产生误会是因为无法看到对方的表情，无法听出对方的语气，那么就善用网络工具自带的表情，多使用笑脸（不同场合用不同的笑脸），多在句子里增加语气词，尽量少在网络沟通中使用表达强烈态度的标点符号。

邮件沟通是目前使用较多的相对正式的商务沟通工具，是典型的异步沟通工具，所以从沟通效率上讲，邮件是慢的，但从某种程度上讲，邮件代表着正式正规。所以，经常可以看到这样的沟通工具组合，通过电话把事情沟通顺畅了，挂了电话后，要给对方发一封邮件把电话沟通的内容在邮件中传达清楚。

邮件既然代表着正式正规，那么邮件的格式与内容的水平高低也可以从侧面反映一个人的职业化水平。

那么，一封职业化的邮件应该是怎样的呢？

（1）使用真实姓名。笔者见过一些同事的邮件名就是网名，名字取得很有个性，但是收到邮件后，压根就不知道是哪位发的。

（2）邮件的标题要简单明了。邮件的标题要能让人一眼就能知道邮件里面大概是什么内容，需不需要点进去看。如果是一封可有可无的邮件，那么，收件人完全可以把邮件标记为已读邮件而无须点进去看。这样，就节省了收件人看邮件的时间。

（3）邮件的风格要简单大气。尽量使用统一的颜色、字体和大小。实在想突出表达内容的时候，可以通过加粗字体的方式体现。

（4）邮件的内容要逻辑清晰。想要请求对方做的是什么事情，出于什么原因做这个事情要讲清楚。

（5）邮件的结尾要署名，加上一些祝福的话语，商务邮件中通常使用“祝商祺”。

（6）收到邮件最好尽快回复，这体现的是高效、能力和对对方的尊重。

以上是关于写一封职业化邮件的几条建议清单，如果你的工作中经常用到邮件，可以去网上搜一搜与邮件相关的内容，以便得到更多具体的建议和方法。

2.“我以为”句式害人不浅

笔者曾将“我以为”句式当作沟通中的毒瘤，它的危害有多大呢？

它常常会带来冲突，它会让人误解需求，使得沟通双方关系僵硬或者让事情偏离原本的走向。

笔者曾见过这么一句话："冲突之所以常常无解，就是沟通的双方常常只有想象和推测，而没有真相。"

"我以为"这个句式后面所带的内容往往就是主观的想象和推测，而非事实。

比如，"他不会对我有意见吧，我给他发消息都一个小时了，还没回我。"这就是"我以为"句式，单方面以为对方对自己有意见，实际上对方已经开了两个小时的会了，会议还在继续中。

"他刚那样说话是故意的吧，就是想让我在大家面前出丑。"实际上，对方只是随口一说，没有想那么多。

"他上班都没事做，天天在公司走来走去也不知道干什么。"实际上，人家很忙，只是出来检查而已。

"我以为你没说话就代表默认，所以我帮你选了。"实际上对方还在考虑中。

请你想一想，你在工作和生活中，是不是也经常遇到"我以为"句式，在那些使用"我以为"句式的场景中，是不是有很多已在后来被证明只是猜想和假设而非事实？

有没有惊得一身冷汗，原来，"我以为"句式几乎无处不在。

有一个故事，已经不记得从哪里看的，笔者经常引用：

说是有个女孩子叫小 A，她住酒店，当天要赶飞机，匆忙到前台退房。酒店前台办理业务很忙，小 A 因为赶时间就特别急，见那个前台动作那么慢，心里就一直在吐槽，这个酒店也太差了，怎么找这么个业务素质差的前台。

等她退完房，上了出租车，却发现自己的优盘落在酒店，优盘里有十分重要的文件，是她马上就要用的。她赶紧给酒店打电话，折回酒店。这个时候，刚给她办理手续的前台正微笑着站在酒店门口拿着优盘等她，这时，她才发现，这个前台是个挺着大肚子的孕妇。

那一瞬间，小 A 内心的焦躁和对前台的不满立即消失，取而代之的是惭愧。

这个故事给笔者很大的触动，我们总是以自己的视角去看待别人，去看待这个世界。而实际上，我们的视角，我们所以为的，往往只是事情的一个侧面，并不是所有的真相。

所以，日常沟通中，尽量不要采用“我以为”这样的句式去猜测、去揣摩，在真相不明之前，不要轻易发生冲突和矛盾，尽可能地去了解事实真相再做判断。

3. 不分青红皂白的指责

不分青红皂白实际上就是没有了解事实真相，在没有了解事实真相的情况下就去指责一个人，必然会遇到对方的反抗，这样的沟通注定是无效的。

所以，不要在没有了解事实真相的情况下去随意指责一个人。

而当我们遭遇了这样的指责，也不要直接就怼回去，说一句：“我先了解一下情况。”就可以了。

争吵、矛盾一定是双方的，对方情绪很激烈地指责你的时候，你轻轻说一句：“我先了解一下情况。”就好像拳头打在了棉花上，对方也会觉得无趣，不会再继续，一场激烈的争吵就此扼杀在摇篮之中。

4. 喜欢否定他人

这和上一条有相似的地方。相似之处在于无论是面对突如其来的指责，还是面对一开始聊天就被否定，人都会本能地反驳，这是人的动物本能决定的。当我们受到攻击时，我们就会不自觉地反击。

而一旦开始了反击，双方就形成了争吵，最开始还能就事情本身吵一吵，吵着吵着就开始争论一些无关紧要的事情，然后慢慢演变为性格上的攻击等，闹得很不愉快，最终事情也没解决。

现实生活中，这样的人不在少数。明明你所要表达的意思和他要表达的意思是一模一样的，可是，你一开口，他就说："不不不，不是的，不是这样的。"接着，他就说了和你一模一样意思的话。

笔者经过观察，发现有一类人喜欢否定他人是一种无意识的习惯，他压根意识不到自己存在这样的问题。有一类人喜欢否定他人是有意为之，故意打压，通过打压他人显得自己很优秀。

如果我们自己有类似这样的情况，笔者建议多注意一下，能改尽量改，喜欢否定他人，沟通的过程必然不那么顺畅，最终影响的是自己的办事效率。

如果我们自己没有这样的情况，但是我们经常被他人否定，那么就要看这个否定自己的人是故意的还是无意的，跟自己是经常接触的还是不经常接触的。

如果是和自己经常接触的又无意为之的人，适当提醒一下对方，这样的行为会让自己不舒服，希望对方和自己沟通的时候不要老是这样否定自己。

如果是和自己经常接触的又故意为之的人，就尽量远离吧，与这样的人长期在一起人会没有自信。如果你正巧遇到这样的情况，可以在网上了解一下职场 PUA 以及应对策略。

如果是和自己接触不多的无意为之的人，就当被蜜蜂蜇了一下，不要与之计较，毕竟不熟。

如果是和自己接触不多的又故意为之的人，那下次就不要与他打交道了，实在没有必要与这样的人打交道，优秀的人是互相成就的，而不是互相否定的。

5. 太“委婉”

性格比较内敛的人有时候会不好意思指出他人的问题，明明他人的行为已经让自己感到不适，也依旧非常“委婉”地与对方沟通。

这样的沟通往往效率低，为什么呢？因为对方听不懂你的言外之音，不知道你要表达的究竟是什么意思。这样的话，即便你在后面多讲几遍，对方依然听不懂。听不懂就不会有行为的改变，这样的沟通就没有达到目的。

所以，在沟通上，最好能做到态度上委婉，内容上直接。这样既不伤和气，也能达到最终的目的。

6. 不擅长汇报工作

汇报工作是日常沟通的重要组成部分，对于刚踏入职场的新人来说，有一定的难度。笔者结合实际情况，提供几条简单易上手的方法，供你参考。

（1）无论是通过邮件、微信、钉钉、PPT 还是口头汇报工作，都要提前做好准备。发消息出去之前检查几遍，口头汇报、PPT 演示之前练习几遍，机会总是留给有准备的人的。

（2）汇报的内容逻辑清晰、有理有据。可以采取“结论—原因—事实”这样的结构来进行汇报。结论先行，让上级知道结果。然后再阐述导致结果的原因和事实基础。在阐述原因时，最好能一条一条清晰地列举出来，这样上级听的时候就不会混乱。在阐述事实的时候，有数据的最好使用数据，数据是最能让人信服的。

（3）汇报工作的时候尽量给选择题而不是解答题。诚然，每个人的时间都很宝贵，但是在工作场合，上级的时间显然是更紧张一些的。在这种情况下，给上级选择题就是在帮上级节省时间，同时也体现了办事人员的办事能力。

（4）如果汇报工作的结果是几个好消息，那么就一条一条分开汇报。这样的话，好心情会加倍。如果汇报工作的结果是几个坏消息，那么就一起汇报。如果坏消息分开汇报，坏心情同样会叠加，试想一下，刚听到一个坏消息，心情低落，立马又一个坏消息，心情更低落，再来一个坏消息，有的人说不定就崩溃了。不如直接把几个坏消息打包在一起，要痛就痛那一下。

（5）如果汇报工作的结果是一个大的坏消息和一个小的好消息，那就分开汇报，先说大的坏消息，再说好的小消息。一方面，由于近因效果的作用，时间越近的事情刺激效果越强，好消息放在后面说，会增加好消息带来的刺激。另一方面，分开说是为了舒缓一下心情，听的人想着：至少还是有个好消息的，情况不至于那么糟糕。

（6）如果汇报工作的结果是一个大的好消息和一个小的坏消息，那就一起汇报。当听的人沉浸在大的好消息的愉悦之中的时候，小的坏消息承受起来就没那么困难了。

7. 不擅长会议发言

参与各类会议并在会议上发言也是日常工作中必不可少的沟通场景，在重要的会议上有精彩的发言，会让人眼前一亮。有不少公司的领导会通过会议发言发掘公司的人才，并对之加以培养，委以重任。由此可见，会议发言的重要性。

那么，怎么做才能让自己的会议发言足够精彩呢？笔者给出了几个方法，希望对你有帮助。

(1) 从态度上讲，不要害怕会议发言，不要逃避会议发言，不要把会议发言当作任务。了解会议发言的重要性，将每一场会议发言当作一次锻炼自己的机会。

(2) 从意识上讲，精彩的发言不是滔滔不绝两小时的自我表演，而是一针见血的精辟演说。对会议结果有促进作用的建设性发言才能称得上是精彩的发言。

(3) 从方法上讲，会议前的充分准备是必不可少的，机会永远是给有准备的人。参与会议前，可以就会议的主题多搜集一些材料，可以画逻辑图、思维导图来帮助自己理清思路，可以从其他人的角度来想想会议中提到的问题。有准备的人总是更有底气的，会议中轮到自己发言的时候，自信得讲出自己准备的内容。在会议过程中，一定要融入到会议中，不要走神，先倾听每一个人的发言，再对自己要讲的内容做调整，千万不要自顾自地发表长篇大论。珍惜每一次的发言机会，争取锻炼出言简意赅又切中要害的发言能力。

除了上述七种常见问题外，日常沟通中还有一些其他的问题，笔者挑选了其中的一部分放入一张清单中，明细如下。

(1) 不要经常打断他人说话，尽量做到尊重对方，等对方把话说完再说话。

(2) 当有人问了不属于自己负责的问题时，不要直接说“我不知道”“不是我负责的”。这样会给人一种不负责任的感觉。可以尝试说：“这个我也不太清楚，我给你问问。”

(3) 无论是演讲还是分享，都要记得，评判好不好的不是自己，而是听众。在工作中的分享，要看听众想听什么，而不是自己想讲什么。

（4）教是最好的学，如果有机会，一定要多做一些分享。如果一个人讲不清楚自己懂的东西，说明他不是真的懂。一场分享下来，受益最多的往往是讲的人，而不是听的人。

（5）分享的时候可以采用“案例—原理—运用”这样的思路进行。先讲一个常见案例，再讲案例背后的原理，最后讲原理的应用。

（6）同理心是沟通中最重要的一个心法。你不喜欢怎样的沟通方式，自己就不要采用这样的沟通方式与他人沟通。

卡耐基曾说：“一个人的成功，约有15%取决于知识和技能，85%取决于沟通。”希望本篇所提的内容能够帮你增强这85%的效果。

如何成为谈判高手

谈判是沟通的一部分，在我们的实际生活与工作中无处不在，小到菜市场买菜，大到国与国之间的政治商贸，都与谈判密不可分。

如何成为谈判高手，如何能让谈判结果倾向于利己的一方是所有人都希望得到的答案。目前，市面上讲授如何谈判的书籍种类繁多。如果你从事的工作涉及商务谈判的情况比较多，那么，笔者建议这一篇文章你可以暂且跳过，直接去搜一搜有哪些专门写谈判写得比较好的书，买来阅读，深入研究。或者干脆去报个谈判课的班，效果会更好。

笔者不是谈判专家，也并不擅长商务谈判，本篇文章的内容主要来自笔者所学及工作经验，可以说连谈判学的皮毛都算不上。标题采用“如何成为谈判高手”仅仅是为了能与前述文章形成统一的标题风格。

本篇无法回答“如何成为谈判高手”这个问题，仅介绍笔者自己对交易类型进行的分类，不同类型的交易需要采取的谈判策略以及提供一份谈判清单供大家参考。

一、谈判的类型

如果把优劣势和交易频率分别作为一个二维四象限的横轴和纵轴，我们就可以得出四种不同的分类。

占据优势的一次性交易、占据优势的多次交易、处于劣势的一次性交易、处于劣势的多次交易。下面我们针对这四种交易类型该如何展开谈判进行探讨。

（一）占据优势的一次性交易

这种情况比较有代表性的案例是景区的商贩。对于景区的商贩而言，他们与游客之间就是占据优势的一次性交易。

绝大多数的游客去某一景点旅游的次数一生只有一次，而在景点能够购买的物品又是有限的，在这种情况下，商家就占据了绝对的优势。

于是，绝大多数的商家都会采取“能宰就宰”的策略，他们大多数人的想法是：“反正我也不指望赚你第二次钱，我当然能宰多少就宰多少。”这是占据优势的情况下进行一次性交易的最有利于自己的策略。因此，以前我们经常可以看到各地都有游客被“宰”的新闻。

近年来这种情况有所好转，其中的原因有一点就是，各类网站都有顾客评价的功能，这个功能让一次性交易变成了多次交易。在多次交易中，“能宰就宰”的策略是行不通的。

怎么理解把一次性交易变成了多次交易呢？

比如，游客 A 去了某家店被“宰”了之后，会在网上写评论说自己被坑了，这样游客 B 在网上看到之后，就不会去那家店了，相当于游客 A 帮游客 B 交易了一次。这样，如果那家店再不把价格进行调整，口碑做臭了，很快就没有游客去消费了。

回到占据优势的一次性交易，虽说对于这类交易“能宰就宰”是最有利于自己的策略，但是，笔者还是想强调自己的立场：即便占据优势，即便是一次性交易，也要做有良心的交易。

影视剧里有句话是这么说的：“出来混总是要还的。”昧着良心做交易，总有一天深受其害。

（二）占据优势的多次交易

什么情况叫占据优势呢？笔者认为：拥有更多选择权的更占优势。

有更多的选择权就能决定与谁做交易，能决定交易价格，也能决定正在交易的项目是暂停还是继续，甚至一些没有契约精神的人可以随时毁约。

处于优势地位的一方，进行多次交易时，有多种策略可以选择，本章提供两种策略以便参考。

一种是强权策略。这是实际工作场景中十分常见的策略，也是国际政治当中常用的策略。比较典型的说辞就是“我是甲方，就得听我的。”“我实力雄厚，我想怎样就怎样。”然后出具各种霸王条款，态度就是爱签不签，你不签多得是人签。这种案例身边到处都是，笔者就不再举例说明。

只是要多说一句：当我们处于优势地位的时候，不要轻视了任何一位合作伙伴。千万不要上演“今天你对我爱搭不理，明天我让你高攀不起”的戏码。

另一种是共赢策略。共赢策略虽然在实际工作场景中比较少见，却是一种趋势。

少见的原因很简单，试想，当一个人拥有大多数资源、实力更雄厚的时候，为什么要放弃唾手可得的利益，转而选择让利共赢呢？

成为趋势笔者认为有两个很明显的原因：一是现在是抱团取暖的时代，互惠共赢才能搭建起抱团取暖的信任基础。二是市场变化太快，三十年河东三十年河西。当下处于优势地位的企业，将来未必依旧处于优势地位。当优势因素消失的时候，选择强权策略的企业就会失去大量的合作伙伴。反而选择让利共赢的企业，会有更多的合作伙伴不离不弃。所以，为了长远发展，给自己留条后路，不少人会选择共赢的策略。

实际的工作场景远比书中能列出的更复杂，可采用的策略也远比书中所列的更多。大家如果感兴趣，可以多观察、多阅读、多思考。

（三）处于劣势的一次性交易

实力差、选择权少在谈判当中就处于劣势的一方。但是，处于劣势就一定无法赢得一场谈判吗？不见得。处于劣势，可用的策略会更多。毕竟，强者用实力碾压，弱者才会用策略取胜。

继续拿景区的商贩和游客的例子来说明。如果说，商贩处于优势，那么游客相对的就处于劣势。

当我们处于劣势的时候，先判断自己的交易对象是唯一的还是可选择的。如果可选择，可以采用“货比三家”的策略。就立场而言，商家整体处于优势，但总能遇到一些“不宰客”的良心商家。

如果不幸没有遇到良心商家，那么就要看自己消费的物品或者服务是否是刚需了。如果是刚需，那就只能妥协了，即便贵点也还是要买。如果不是刚需，可以尝试放弃这次交易，大不了不买嘛，放弃也是一种权利。如果说，自己的交易对象是唯一的，比如整个景点就这么一家店卖你需要的物品或者服务，也是一样，根据是否刚需来判断是放弃交易还是妥协。

当然，在这之外，也可以想办法让自己从劣势地位变成优势地位。比如说，在网上找同款，直接在网上买。这样，我们的选择权增加，我们就从劣势变成了优势。

（四）处于劣势的多次交易

你可能会想，如果一个人处于劣势，他还会进行多次交易吗？谁会那么傻啊。但是，仔细想一想，既然存在处于优势的多次交易，那么就一定会有处于劣势的多次交易。毕竟交易始终是那些个交易，不同的只是从不同的立场去看而已。

当我们处于劣势还要进行多次交易的时候，可以采取以下策略：

策略一：妥协。

当谈判双方实力悬殊太大的时候，妥协不见得是一件坏事。毕竟，完全没有实力去反抗。

策略二：先忍耐，找到合适的机会就结束交易。

在没有其他选择的情况下，先忍着。与此同时，寻找其他的合作机会，时机恰当，结束交易，选择更好的交易对象。

策略三：寻求共赢。

共赢的策略更适合在多次交易的场景下使用，而且，共赢策略对处于劣势的一方更有利。对于占据优势的一方来说，选择共赢更多的是考虑到不确定的未来。对于处于劣势的一方来说，选择共赢更多的是考虑确定的当下。

优势一方愿意让利共赢，对于劣势一方当然是再好不过的事。

那么，作为劣势一方，如何寻求共赢呢？

积极展示自己的亮点，寻找双方共同的诉求，找到自己能够给对方带来价值的地方。在合作的过程中，积极主动地给对方提供价值。

策略四：主打感情策略而非理性策略。

在实际工作中经常会碰到这样的情况。如果你要跟人公事公办，那事情就很难办，因为流程多，细节烦琐。反而，如果跟对方处好关系，处事稍稍圆滑一些，事情可能很快就能办好。

在谈判中也是一样，你太过于理性，对方就会比你更理性，比你更纠结合同条款的每一条细节，纠结这次交易的一分一毫的得失。

在谈判之前，要理性。这样，才能想清楚，谈判的目的是什么，通过这次谈判达到怎样的效果。为了达到目的，需要用怎样的谈判策略。

到了谈判的过程中，要谨记谈判的目的，同时要使用感情去拉近双方的关系，增进彼此之间的信任。必要时，可以通过打感情牌打动对方。

理性和感情的结合，更能获得一场谈判的胜利。

二、谈判清单

根据笔者的工作经验以及网上搜集的内容，笔者整理了如下的清单。特别指出，特别指出，网上搜集的内容有50%借鉴了宁向东的专栏《宁向东的管理学课》当中的思想。

（1）谈判前的准备工作十分重要，有时候甚至会对谈判结果起决定性作用。谈判前需要了解清楚：参与谈判的对象、我方筹码、对方筹码、我方需求、对方需求、我方底线、对方底线、替代方案等。

（2）在谈判前尽可能多了解对方信息，达到知己知彼百战不殆的效果。尽可能少让对方了解到我方信息，拥有的情报信息越多，对谈判越有利。

（3）有时候，谈判是旷日持久的，在长期的谈判过程中要注意不要遗忘初心，时刻记得最初的目的。可以选择阶段性让步，但前提是阶段性的让步可以保证最终的结果。

（4）谈判过程中，注意区分什么时候用理性，什么时候用感情。你跟人家讲规则，人家就会跟你讲规则，事情就变得死板起来，这时候可以借助感情的力量。

（5）谈判前可以找人预演一遍，提前找到容易产生僵局的地方，并想好相应的对策。

（6）谈判的过程，要耐得住性子，很多谈判是无法做到一步到位的。

（7）在谈判过程中，尽可能找到双方的利益共同点，要能接受必要的差异，不一定非得追求那个最优的方案。

（8）谈判过程中，要会随机应变。

（9）当你采取强权策略进行一场谈判时，要评判自己的筹码以及判断自己是否能够接受最坏的结果。如果自己可以接受最坏的结果，那么，就不要让步，一步也不要让。只有比对方更狠，才能大概率上取得谈判的成功。

（10）千万注意，找到对的那个人发力。否则，即便自己再努力，也于事无补。

如何处理好职场关系

一天二十四小时，上班八小时，上班时间占据了一天的三分之一甚至更多。这就意味着，我们工作日里大量的时间都与上级和同事相处在一起，如何处理好与上级和同事的关系就显得尤为重要。

本篇笔者将以清单的形式列出一些与上级和同事相处的方法，希望能对你有所帮助。

一、与上级相处

（1）工作能力突出，可以保质保量甚至超质超量完成任务。可以说，业务能力强是一张王牌，上级有自己的绩效任务与考核，你能超质超量完成任务，就相当于在帮助上级完成绩效。有了这张王牌，只要不出大差错，与上级相处肯定挺愉快。当然，这一切的前提是，你的上级不是一个成天担心下级会“篡位”的人。如果你的上级是个不喜欢团队成员比自己强的人，那么能力太突出很可能会遭遇上级的打压，如果是这种情况，就看你的个人选择了，愿意继续待在这个团队，那就忍受着；不愿意那就早点离开，在这样的上级手下做事，晋升、成长都不容易。

（2）不骄不躁，保持平和。工作能力再强也不能骄躁，不能太把自己当回事，保持平和、持续进步，才能走得更远，与上级的关系也才能更稳定。

（3）有分寸，不要随意开上级的玩笑。在职场上一定要认清自己的定位，不要以为和上级在私底下关系不错，就可以毫无顾忌地随意开玩笑。即便不是上级，只是普通同事也要注意分寸，不要随意开玩笑。你自以为的不合时宜的幽默，在他人看来，要不觉得你傻，要不觉得你烦。

（4）不要擅作主张。很多刚毕业进入职场的新人热情似火，想到好的点子就干，未经上级同意就直接找其他部门沟通合作；有些进入职场很久的人，觉得自己能力很强，有时候做事情也会擅作主张。这是一件很危险的事，一方面，擅作主张就是没有把上级放在眼里；另一方面，上级知道的信息更多，有些事情你以为很小，实际上很大，因为你的信息不够，你看不到那么全面，一旦你擅作主张做了这件事，可能最后的结果不是你和你的上级所能承担的。没有一个上级会喜欢擅作主张的人，或者说绝大多数的上级不会容忍擅作主张的人。

（5）不要私底下搞小动作，把自己部门的资源拿到外面去或者走私单。一旦发现，99%会被辞退，这种行为有违职业道德，严重时也违法。

（6）不要在同事面前说上级坏话。你不会知道你上午说的话，下午上级就一字不差地知道了。

（7）不要跟上级对着干。很多时候，上级是不需要你过于奉承、溜须拍马的（电视剧里演的看看就好），年轻人不要那么油腻，保持年轻人该有的朝气和风骨。但是，绝对不要跟上级对着干，尤其是公共场合。这种事不要说上级了，搁在谁身上，都会不爽。

（8）了解一下上级的禁忌，不要踩雷。

（9）不要在上级需要你的时候选择沉默。比如说在一些会议上，上级需要你的发言来支持他，但你选择了沉默，那你有可能就被上级踢出了核心圈，因为关键时刻你靠不住。

（10）不要在上级面前经常抱怨，即便看起来你们关系很好。经常抱怨会让上级怀疑你的工作能力，说不定哪天你就被换了。

二、与同事相处

（1）实力要在平均线以上。职场上，没人喜欢过于招摇的人，同样也没人喜欢拖后腿的人。如果因为你的能力太差，导致团队每个月都失去了奖金，同事们嘴上不说，行为上也会自动远离你。

（2）同事发出来的消息及时响应，尤其在群里发的消息。这个时候的响应就是一种支持，同事会感激你。

（3）不要妄想所有人都喜欢你，做到大部分人喜欢你就够了。刚踏入职场的年轻人希望能在职场广结人脉，想所有人都喜欢自己，花费很大的精力去讨好同事，这是完全没有必要的。

（4）学会拒绝，不要做老好人。人就是这样的，你帮了他 99 次，有一次没帮忙就会觉得你这个人不行。你 99 次都没帮忙，有一次帮了，反而觉得你还是个好人。所以，不必为了担心同事不理你而做老好人，在职场上，更重要的是把时间和精力放在完成任务上，放在提升自己的能力上，让自己变得无可替代。

（5）不私底下向上争宠。公平是维护团队稳定的基石，倘若被团队内的同事发现你做了这样的事情，你可能会发现，你慢慢被孤立了。

（6）嘴要严，不要把同事告诉你的秘密泄露出去，不要主动散播谣言八卦。嘴严是美德，嘴不严的人很难获得别人的信任。

（7）要有良好的情绪管理能力，不要因为一点小事就情绪失控，不然，同事见到你都会绕道走，还怎么好好相处呢？

（8）时常赞美同事，赞美要发自内心，如果你不知道怎么赞美就不要赞美，千万不要盲目赞美，有时候不说话比说话管用。

（9）远离喜欢搬弄是非的人，靠近优秀自律的人。近朱者赤近墨者黑，这个道理大家都懂。

（10）平时能帮同事的尽量帮，帮同事与老好人不同，看上去都是帮忙，但性质不一样。老好人是不懂得拒绝，什么简单的、琐碎的事都做。而能帮助同事的尽量帮，是同事有业务上的问题请求帮忙的时候要尽自己的所能去帮助同事。同事会记得你的好，下次你需要他帮忙的时候，他也会帮你。

（11）随和、有分寸。大多数人都不太喜欢小气、斤斤计较、口无遮拦没有分寸感的人，如果你不想被绝大多数人讨厌，就不要成为小气、斤斤计较、口无遮拦、乱开玩笑的人。

（12）尽量让自己的着装风格与公司大多数人的着装风格相同。

（13）偶尔请同事吃点小零食、下午茶，或者外出旅游给同事带点伴手礼之类的。吃人嘴软、拿人手短，就算有些小小不愉快，吃吃喝喝也就过去了。

（14）如果不是工作需要，不要把太多时间和精力放在职场关系上。把时间和精力放在完成任务上，放在提升自己上。能力强、情商不差的人，职场关系一般都不差。

希望上述内容可以帮到你。

如何提升职业化水平

假如你正忙，某同事给你发了十几条微信长语音消息，你什么感觉？

假如你有一个好的想法，兴致勃勃给同事讲了半天，结果，他在微信上回你："好吧，那我们就这样做呗。"你什么感觉？

假如有一个很紧急的会议要开，就等着某同事，但是，这位同事迟到了 10 分钟，此时，你什么感觉？

假如与合作方谈交易，对方明明答应你三天的时间可以交货，三天后却说交不了，你什么感觉？

前两种会不会感觉不舒服？后两种会不会感觉对方不靠谱？

上述四种现象都是非职业化的表现，那么什么是职业化呢？

用专业术语讲，职业化就是一种工作状态的标准化、规范化、制度化，包含在工作中应该遵循的职业行为规范，职业素养，和匹配的职业技能。即在合适的时间、合适的地点，用合适的方式，说合适的话，做合适的事。

用直白一点的话来讲，职业化就是让别人和你打交道的时候，感觉非常舒服，感觉你非常靠谱。

为什么要提升职业化水平呢?

因为让别人感觉到舒服，别人才愿意和你打交道，你才有更多的机会。让别人觉得你靠谱，别人才愿意与你合作。一个职业化的人会通过尊重他人的方式来获得他人的尊重与信任。

如何提升职业化水平呢?

(1) 正如职业化的定义所讲，职业化的内容包含很多，不是一本书能讲完的，更不是这一章能讲完的，想要提升职业化水平，可以通过上网查资料、阅读及上培训班来系统学习。

(2) 职业化就是让别人和你打交道的时候感觉舒服，不同时代不同圈层的人感觉到舒服的方式是不一样的，所以要随着时代的发展及时更新职业化内容。

(3) 观察哪些人的哪些行为会让你觉得舒服，就拿个小本子记录下来，自己对着学习。哪些行为让自己不舒服，也在小本子记录下来，告诫自己，以后自己千万不能那样做。

笔者提供了一些日常的职业化建议，希望能帮到你。

(1) 与人打交道前，先考虑清楚哪些行为会让对方觉得不舒服，哪些行为会让对方感觉到舒服，这是职业化的心法。可能你会觉得这样做多累啊，要考虑这个，要考虑那个。但是，当某一次你通过提前准备，在某次会议上，或者在与客户沟通的过程中被称赞，甚至与客户达成合作，你就会觉得前期的准备是值得的。

(2) 尽量不要在微信里群发祝福之类的信息。无论什么时候，群发的祝福信息都是没有诚意的（以公司名义群发的信息除外）。看到群发的祝福，一般人是没什么感觉的，也不会回复，甚至有时候会觉得烦。只有群发这条祝福信息的是上级或者重要的合作伙伴或者重要的人，大多人才会回复消息。

（3）尽量不要什么事情都发语音，发语音之前询问一下对方是否方便听语音。有时候对方在开会，并不能听语音。

（4）尽量不要给合作伙伴发类似投票、朋友圈点赞之类的信息，这样的行为让人感觉很冒犯。

（5）尽量不要在微信群里发广告，除非是那种特定的资源交换群。

（6）尽量不要在群里斗图，除非大家都在抢红包，不然一群人看几个人斗图，很浪费其他人的时间和流量。

（7）网络沟通中，尽量不要使用“嗯”“哦”“呵呵”“好吧”这类的词，单独回复一个“嗯”，会让人感觉很敷衍，但是回复“嗯嗯”就会好一些。回复“嗯嗯嗯”或者“嗯嗯嗯嗯”这种认同的感觉会更强烈。单独回复一个“哦”，似乎就有一种漫不经心的感觉，收到这个回复的人可能会觉得自己不受重视。回复“呵呵”，这两个字有点像发“微笑”的表情，有点那种不屑一顾，又有点我就笑笑不说话的意思，反正不讨人喜欢。回复“好吧”就有一种很勉强的感觉，就好像在说“我不怎么满意，但还是按照你说的来吧。”

（8）也尽量不要使用“在吗?”这样的开场白。这样的开场白让人有点为难，网上有个段子说得很有意思：“我要回复在吧，你找我借钱怎么办。我要回复不在吧，万一你找我有事怎么办。”所以，微信上找人，可以先打声招呼，然后直接把自己找对方的事情表达出来。这样，对方看到具体的内容就知道怎么回复，要不要回复了，就不必纠结。

（9）不要没有经过别人的同意就随意把他拉入到各种乱七八糟的群。

（10）找不熟悉的人帮忙的时候可以使用这样的句式“××，您好，我是××公司的××，××事情想和您沟通一下，具体是××，期待您的回复。”

（11）找一个人打听另外一个人联系方式或者信息的时候，最好说明原因。

（12）能在网上搜到答案的问题尽量不要耽误其他人的时间。

（13）打电话的时候，开头问一句“您现在方便吗?”

（14）千万不要迟到，要尊重他人的时间。

（15）千万要慎重许诺，许诺了之后千万不要失信。

（16）千万不要在酒桌上疯狂劝酒，喜欢喝酒的人不用你劝，不喜欢喝酒的人你每劝一次，人家心里就多恼你一分。

（17）没事的时候千万不要打扰其他人。大家的时间都很宝贵。

（18）在公司内部，不用刻意去要求着装需符合商务礼仪要求，着装风格的一致性更重要。

（19）握手的次序是有规范的，女士先伸手，男士才可握手；领导或长辈先伸手，下级或晚辈才可握手。握手时，不能使用左手；与异性握手不可以用双手；不要戴墨镜、戴帽子、戴手套与他人握手。

（20）递名片须先于客户递出名片，须起身，双手拿出自己的名片，把名字那面朝上，齐胸递出。递出的顺序按照职位的高低先高后低、距离的先近后远进行。递名片时，可同时使用敬语：“请多指教”或者“很高兴认识您。”

（21）不要当面玩弄对方的名片；不要当场在对方名片上乱写乱画；不要先于上司向对方递交名片；如收到了对方的名片应立即递出自己的名片，若没有，则应道歉。可以准备一个专门的名片夹用于装名片。

（22）乘坐电梯时，如电梯里没有人，要在客人和上司之前进入电梯，按住“开”的按钮，再请客人进入，到达后，按住“开”按钮，请客人或上司先下电梯。

（23）乘坐电梯时，如电梯里有人，须请客人或上司先进先出，电梯内先上电梯的人应靠后面站，以免妨碍其他人进入电梯。电梯里有很多人的时候，后进来的人需要面向电梯门而站，不要面向人群而站。

（24）如果只有你和老板两个人出行，老板开车，你坐副驾驶，不要坐后座，那样对老板不尊重。

（25）如果老板开车，你上司也在，上司坐副驾驶，你坐后面右侧的位置。这样，老板可以方便同时和你们说话。

（26）如果老板开车，上级也在，还有位女士，那么，女士坐副驾驶，上级坐后面左侧，你坐后面右侧，这样，女士比较方便同老板和上级说话。

如果哪天你要接待合作伙伴或上级，涉及的职业化内容是上述清单中没有提及的，可以直接现场拿出手机在网上搜索关键词找到你想要的答案。

重视职业化并提升自己的职业化水平，每个人都可以做职场上的“绅士”，希望上述内容可以帮助你在打造“职业范”的道路上更进一步。

如何平衡生活与工作

如何平衡生活与工作是大部分职场人都需要面对的一个很头疼的问题，可是，为什么是大部分而不是所有人呢？

因为，生活与工作的关系对不同的人来说，是不一样的，这是由一个人的价值观决定的。

对大部分人来说，生活与工作是一个天平的两端，泾渭分明，需要平衡。

对小部分人来说，生活与工作是可以相互融合、彼此成就、相辅相成的关系。

对极小部分人来说，生活就是工作，工作就是生活。

这三种观点没有对错和高下之分，只是不同的人在不同的境遇中的不同选择。

笔者持有的是第二种观点，工作与生活是可以相互融合，彼此成就的。本篇的内容主要也是写生活与工作的融合而非平衡。

当然，笔者无意改变任何人的价值观念，笔者也没有那个能力去改变任何人的价值观念。因为，对于一个成年人来说，观念的改变实在太难，只能靠自己。

如果你持有和笔者不一样的观念，可以通过这篇文章看到另一种生活的可能。如果你和笔者是一样的观念，那么，希望笔者的一些做法可以给你提供一些帮助。

就笔者个人而言，选择第二种观念有这么几个原因：

一方面，笔者是一个需要工作来体现价值的人，工作对笔者来说很重要，笔者不会排斥工作。

另一方面，随着电脑、手机和网络的普及，移动办公已经成为一种趋势，将生活和工作完全剥离，本就是一件几乎不可能的事情，笔者选择顺应时代的趋势。

最后就是，笔者看到身边有一些现象，有的人但凡下班时间需要做一点工作上的事情，就会很痛苦，觉得自己的空间被侵犯了。这种痛苦就来源于把工作和生活区分得太开，觉得下班时间就是下班时间，下班时间就是要享受生活的，不应该工作的。而笔者不想有这样的痛苦。

在选择了这样的观念之后，工作与生活的平衡问题自然就迎刃而解。两个相互交融并不对立的事情本就不存在平衡问题，问题都不存在，何须解决?

选择将生活与工作交融，需要考虑的不是平衡问题，而是如何合理分配好时间，结合笔者平时的一些做法和所学，笔者列了一份简单的清单，希望能够帮到你。

（1）把常见的文档、图片保存在手机当中，如果是重要的机密文件，一定要加密。这样即便是下班时间，需要这些文档的时候也可以随时获得。

（2）在手机上下载一些帮助记事的App，把平时对工作的一些想法和灵感以及收获随时记录到手机上，每个星期找个固定的时间整理。

（3）养成做计划的习惯，凡事预则立不预则废，有了计划心里也

就有了底，做事情的时候再根据实际情况进行调整。（计划可以写在手机上）

（4）工作日的早上起床后，可以利用洗漱的时间想一下当天的工作思路，笔者很多工作的思路和想法都是在刷牙的时候想出来的。晚上的时候，可以一边泡脚，一边听音乐，一边看方案。

（5）尽量走路上、下班（有条件的话），这样可以一边运动一边想工作的事情，或者在走路的时候，听一些与工作有关的课程。

（6）利用好闹钟，在计划内容中加入时间项，训练自己的时间感。

（7）使用好诸如蓝牙键盘、手机支架等工具，争取做到可以在出差路上办公。

还有很多其他的小方法，这些方法都因人而异，笔者提供三个心法，你可以根据这个心法找到适合自己的方法。

其一，做到将生活和工作并联，同时处理几件事情。这里说的并联不是将所有的事情并联，有些事情在处理的时候必须要专注，这个时候同时处理几件事，不仅耽误效率，还容易出错。但是，生活中有很多事情做的时候基本无须大脑思考，这个时候就可以把大脑用来思考更有价值的事情。

其二，大脑是用来思考和决策的，不是专门用来记事的。把需要大量记忆的内容挪到大脑之外，准备一个“外脑”去记录这些事情，将大脑的空间释放出来用于思考和决策。

其三，君子性非异也，善假于物也。合理使用各类工具，可以达到事半功倍的效果。

什么样的人更容易升职加薪

可以说，升职加薪几乎是所有职场人的共同追求。本篇咱们就一起来聊一聊这个光是听着就让人兴奋的话题。

升职与加薪是两回事，咱们先聊聊加薪。加薪与四个因素有关：公司、岗位、决定你薪资的上级以及自己。

通常来说，成熟的企业都有比较完善的薪酬体系和考核体系，什么时候涨工资以及涨工资的幅度都有规定，是可以明确的。比如说，员工年终评估从优秀到一般分为四个级别：A、B、C、D。获得A的员工，有30%的涨薪幅度，获得B的员工有20%的涨薪幅度，获得C的员工5%的涨薪幅度，获得D的员工不涨薪，甚至有被辞退的风险。

在这样的公司，想要加薪，按照明确的加薪规则制订自己的加薪计划即可，自己都可以算出会涨多少工资。但是，这样成熟的公司一个萝卜一个坑，想要快速涨工资、快速晋升是比较难的。

初创企业或者发展中的企业大多只有基础的薪酬体系和简单的考核体系，什么时候涨工资以及涨工资的幅度都是不确定的。有的公司可能一两年都不会涨一次工资，有的公司可能一年之内会给某些表现特别优异的员工连涨三四次工资。所以，在这样的公司，能力强的人是容易创造升职加薪奇迹的。

公司的性质、行业、资金实力不同，加薪的方式与多少也就不同，先分析公司属于哪种类型，这个是加薪计划的前提。

岗位对加薪也有一定的影响。影响有这些方面：不同岗位底薪基数不同，加薪绝对值不同。这个很好理解，例如，同等水平的行政专员和java工程师的底薪不同，差异较大，如行政专员月薪税前5000元，java工程师月薪税前10000元，一样涨30%的工资，一个涨1500元，一个涨3000元。

不同岗位的薪资上限不同，加薪的上限自然也不同。这个很好理解，一位优秀的行政专员把行政工作做得再怎么极致，只要她还在这个岗位上，那么在绝大多数的中小企业，她的薪资也很难达到10000元。

不同岗位的薪资组成不同，加薪的方式不同，努力的方向也是不一样的。比如，对于大多数只有固定薪资的岗位来说，加薪的机会就来源于一年1~2次公司给的机会，而且是有上限的。但是，对于有浮动薪资比如说奖金、提成的岗位尤其是有提成的岗位，很多公司是不设薪资上限的，销售就是这样的，所以，销售岗位容易出薪资奇迹。

能够决定你薪资的上级对你的加薪影响还是挺大的。在成熟的企业中，有明确的加薪制度，对于拿固定薪资的岗位来说，加薪的机会就在年中或者年终，这是需要考核的，而考核无论是通过360度环评，还是KPI、OKR还是其他的方式，其中总有一部分或者大部分的决定权是在直接上级手中的，直接上级的可操作空间很大。对于有浮动薪资的岗位来说，一般提成方式、奖金方式都是非常明确的，直接上级可操作的空间很有限。

在加薪制度不明确的企业中，对于拿固定薪资的岗位来说，加薪的频率以及加薪的幅度就完全看自己的表现以及直接上级认为的你的表现。有些管理者不会主动给自己的员工加工资，只有等到员工离职时才意识到问题从而给员工加工资，或者需要员工自己主动提出增加工资。有些管理者会给员工涨工资，但是，这种涨工资的标准主观性很强，可操作空间非常大。对于有浮动薪资的岗位，由于提成方式、奖金方式很透明，直接上级可操作的空间也是有限的。

前三个因素是外部因素，三个因素加起来的影响都及不上最后这个因素，最能影响自己升职加薪的因素就是自己。人是可以自己创造机会的，是可以创造奇迹的。

对于有浮动薪资的岗位来说，无论处于加薪制度明确的成熟企业还是加薪制度不明确的初创企业，奖金和提成的方式基本都是透明的，直接上级对加薪的可操作空间都是有限的。所以，这种情况下，加薪靠的都是自己，靠自己一个单一个单、一个项目一个项目打拼下来的。想要加薪，就是开单，开单，开单。

对于只有固定薪资的岗位来说，在成熟的企业中，加薪的时机每个人都是知道的，考核的方式每个人也是知道的。考核内容无非态度和能力，态度体现在日常行为中，能力体现在任务的完成情况中。

能够进入成熟的大公司还能够留下来的，态度和能力基本都在线，不会有什么大问题。态度和能力有问题还能留下来的除非是"关系户"，否则早就被清掉了。

那么，问题来了，在所有人的基础条件都可以的情况下，如何能够脱颖而出获得最高加薪资格呢？笔者提供一些思路，不见得一定有效，但不妨一试。

1．积极主动

积极主动是笔者认为的最重要的工作态度之一。前文提到能够进入成熟的大公司还能够留下来的，态度和能力基本都过关，这个基本过关的意思是不抵触工作，能够按照要求完成工作。但是，要将工作做好只满足基本条件是远远不够的。

到底什么样的态度叫积极主动不好定义。但是，积极主动的人和不积极主动的人在工作中的区别还是很大的。当有一项本职工作之外的事情要交给一个人去做的时候，积极主动的人会欣然接受，不积极主动的人虽然也会接受，但内心会有抵触，表现出来就是不情愿、抱怨、吐槽。积极主动的人会主动去优化工作，去找到潜在的问题，做好预防工作。不积极主动的人会等着问题出现再去解决。积极主动的人面对困难会迎难而上，不积极主动的人遇到困难会退缩、逃避、放弃。积极主动的人会说："我看看怎么解决""肯定会有办法的""我还可以"。不积极主动的人会说："算了吧，太难了""都是他的问题，我被他气死了。""我只能做到这样了。"

通过上述对比，如果你是直接上级，要做出怎样的选择，是不是一目了然。

2. 不要经常抱怨

在工作中难免受委屈，会抱怨是很正常的事情，要在工作中做到完全不抱怨是很难实现的。但是，抱怨要注意场合、对象和频率，抱怨之后要能解决问题。不要在公共场合（包括社交媒体）抱怨，抱怨这种负面情绪的影响力是很大的，每个人心中或多或少都有些意难平，一旦产生共鸣，整个场合都会充斥着抱怨和不满，一旦引发一些无法预料到的事情，后果不堪设想。

不要在上级面前抱怨，即便你认为你和上级的关系很好，也不要这么做，抱怨会显得消极和无能。消极和无能的人怎么会被选入加薪候选人名单呢？不要在同事面前抱怨，不要妄想通过抱怨来形成一个圈子，如果这个圈子是因为抱怨而形成的，那么，这个圈子每天接收的都是负面的信息，这样工作和生活还会快乐吗？这样的圈子迟早会被解散，情况严重者说不定会有几个代表被公司劝退。

不要频繁抱怨，设身处地想一下，你会愿意和一个每天抱怨、每天都充满负能量的人在一起吗？没有人会吧，你的直接上级也是人，他肯定也不愿意。所以，这种经常抱怨的人别说升职加薪了，迟早会被请出团队。

实在要抱怨的话，就跟自己抱怨几句，或者找家人、与工作无关的朋友稍微抱怨几句。抱怨之后，要冷静下来想办法解决自己抱怨的事。

3. 多赢思维

有些人很积极也不抱怨，目标感强，能力也很强。但是呢，他只希望自己优秀，不希望他人也优秀，于是，会使一些小绊子，会做一些损人利己的事。有时候，这样的人伪装得很好，很难发现。职场上难免会遇到各种各样的人，有时候遇到了这样的人也不足为奇。如果自己遇到了，但自己又没办法去拆穿他，也不想离开岗位，那么，就远离这种人吧。现在是抱团打天下的时候，大家一起好，自己才会更好，多赢思维可以走得更远更久。

4. 勇于担责

勇于担责是中华民族的优良传统，对于担责这件事，笔者想对还没有进入职场的朋友提醒一句：勇于承担自己的责任，但不要为了所谓的人脉，当所谓的老好人去承担非自己的责任。是自己的责任千万不要推卸，喜欢推卸责任的人，同事与之相处会多一份戒心，他在需要帮助的时候，也很难得到其他人的帮助。不是自己的责任，不要贸然去承担，有些触及法律的责任不是你和你的家人能够承受的。

5. 能力为王

在中小型民营企业中，绝大多数情况都是靠能力吃饭而不是靠关系吃饭。民营企业自负盈亏，如果不让有能力者获得更多，那么，有能力的人就不会留在企业，企业就难以发展甚至生存，这是最基础的游戏规则。能力可以直接产生绩效，态度却不能，而企业是为功劳买单不是为苦劳买单的。态度再好，能力不行，即便直接上级再喜欢，想要给一个代表优秀的“A”也得顾虑一下这样的选择能否服众。能力突出，即便有些小瑕疵，只要不是大的态度问题、道德问题，想在评估中得到一个好成绩，获得加薪资格基本上是没问题的。

笔者在升职加薪的事情上有一个心得，这个心得来源于大学时期学生会主席的竞选。作为大一的学生，当时笔者去参加系里的学生会竞选，竞选的是团委副书记兼学生会副主席，分管组织部和宣传部。在那之前，有个大三的学长对笔者说：“你是要去的，我觉得这个团副就是你的，没有人比你更适合。”因为他这句话，我坚定了自己去参加竞选的决心。

竞选结束，作为一名在学生会名不见经传的小学干，同时又面临着上一届团副几乎有指定接班人的情况下，笔者最终成为当时的一匹黑马，结果出来的时候，很多人都在讨论：“范平是谁啊?”

在这之前，笔者还在宿舍与班长讨论说：“我觉得我挺有信心的，我是校报记者，比会说的人会写一点，我也是系里演讲比赛的冠军，比会写的人会说一点。”

笔者以为是这两点让我竞选成功，后来笔者问当时的负责人，为什么会选我，他说：“因为你是唯一一个给我打电话问结果的人。”

自那之后，笔者就深信两点：一是自己想要的东西要主动争取。你不主动争取，别人也不知道你到底想不想要。

二是要让自己足够优秀到不被选择，无须与人竞争，而是“非你莫属”。选择是在几个差不多的选项中进行的，一时无法判断哪个更好所以需要选择。一个好的一个坏的是不需要选择的。一个好的和一个非常好的，也不需要选择，直接指定即可。

如果笔者当初足够优秀，优秀到“非你莫属”，优秀到足以服众，那笔者相信，或许就不用走竞选了，或许就可以直接任命了。

说到优秀，工作中的优秀不仅仅只有能力强。要做到能力强、积极主动、不抱怨、敢于担责、有奉献精神、有分享精神、有多赢思维等才算得上是真正的优秀。

笔者相信，这样的人，是有底气的人，他的底气来源于自己。这样的人无论在哪里都会受欢迎，在哪里都可以有加薪的机会。

笔者提供了上述思路，但每个公司都有比较特殊的地方和一些潜规则，所以，实际运用的过程中一定要结合自己公司的规则找到最适合自己的方法。

笔者花了很长的篇幅探讨固定薪资岗位在成熟大公司中如何加薪，实际上，在制度不完善的初创公司和发展中公司，想要加薪方法是大同小异的，根本还是在态度和能力上。

制度不完善的公司加薪的时机、频率和金额都是不明确的，直接上级的可操作空间很大。如果遇到的上级是一个愿意给员工加工资的，那么放心大胆地去展示自己，去发挥自己的价值，不用担心加薪的事，因为你的上级会根据你的表现进行评估，然后做出适时适量的加薪。

如果遇到的上级是一个不给员工加工资的，那么，依然要像前文提到的在能力和态度上都做到上乘，百分之一百二十完成任务，然后，在合适的时机主动向上级提出加薪申请。如果直接上级不接受自己提出来的加薪申请，那么，可以了解不接受的原因是什么，再评估这个原因是否合理，评估自己是否有必要留在这家公司。如果有，就继续努力，给自己积累经验；如果没有，可以选择离开，优秀的你值得更好的。

综上，无论身处怎样的公司，在怎样的岗位，遇到怎样的直接上级，想要加薪，核心方法无非是能力要强（超标准完成任务、能力超出同部门其他人），态度要好（积极主动、不抱怨、勇于担责等），主动争取（必要的时候）。

接着，我们再聊聊升职的事情。升职比加薪要难，加薪是你很努力，然后可以去主动争取的。但是升职，即便你很努力，符合升职的所有条件，只要你的上级还在，只要没有职位空缺，你就没有升职的机会。

所以，升职有两个先决条件：职位空缺和资格。职位空缺是机遇，资格则靠自己。

前文我们提到过，成熟的公司，一个萝卜一个坑，都已经占好了，占着这些坑的人有可能是在公司六七年，甚至十年以上的管理者，只要没有大的变动，他们的位置基本不会变，那么新进的员工就根本没有机会。也就是在这样的公司里，很难有职位空缺的机遇。

发展中的公司则不一样，因为在快速发展，还没有定型，所以在不断扩大的过程中会产生更多的职位空缺。

所以，选择不同性质的公司，意味着不同的升职机遇。

公司内部有哪些情况会产生职位空缺呢？

比如说上级升职、上级降职、上级离职、上级平调；比如说公司扩张新团队等都会产生职位空缺。这些情况没有一种是我们作为普通员工可以控制的，我们唯一可以控制的就是自己，在升职这件事上就是努力让自己拥有可以升职的资格，然后静候时机。

不同公司不同岗位的升职资格是不一样的，但总体而言离不开能力和态度。理论上讲，选拔管理者的时候，更需看重态度，而非能力。因为管理者需要带着团队做正确的事情，如果一个人的品德、态度不行，他是不适合带团队的。这并不是说管理者的能力不重要，相反，能力也很重要，而且能力是基础，一般而言，能够获得升职资格一定是要符合一定的能力要求的。

实际操作过程中，不少公司在选团队管理者的时候，就是在一群候选人中选择能力最强的那一个。当然，每个公司的选拔规则不一样，也不好一概而论。

我们说，一个人想要加薪，得能力强、态度好、主动争取，升职也一样。能力强，指的是能够超标准完成任务的能力，具体是哪些能力依据岗位和任务而定。如果实在不知道具体是哪些能力，可以去问问公司里的前辈或者人事专员，也可以去网上查资料，然后根据这些结果有针对性地提升能力。

态度好，指的是积极主动、不抱怨、有奉献精神、有共享精神、有多赢思维、敢于承担责任等，不同公司不同岗位在这些基础的精神特质之外还会有一些其他的要求。

主动争取很好理解，就是机会来了，好好抓住机会，不要退缩，必要时可以毛遂自荐。

最后，回答标题提的问题："什么样的人更容易升职加薪?"

优秀到无须被人选择，无须与人竞争，而是"非你莫属"的人更容易升职加薪。

体面的分手，共赢的未来

个人篇的第一篇我们聊的是找工作，那最后一篇我们就来聊聊离职，也算是前后呼应，形成一个闭环。

离职分为主动离职和被动离职。主动离职就是由于各种原因自己主动向组织提出的离职；被动离职就是由于各种原因被公司辞退。本篇文章主要讲主动离职。

笔者将主动离职分为两类：一是感性的冲动型离职，二是理性的冷静型离职。

前几年网上很流行一种说法，说是离职无非两种原因，一是受委屈了，二是钱没给够，但实际的离职原因远不止这两种。

我们先看看感性的冲动型离职。

当一个人身边有那么两三个同事离职，而且这两三个同事经常在他面前吐槽公司这样不好那样不好的时候，这个人是很容易受影响的。

如果这个人受到公司重视或者对事情有自己的判断，可能不会选择离职。但是，如果这个人本来在公司就是个小透明，或者偶尔也会遭遇一些不公平的对待，又或者这个人没什么主见容易受人影响，那么，他离职的概率就会比较大。

这种离职就属于没有想清楚的冲动型离职。

除了这种情况，疲倦和受委屈也容易导致冲动型离职。

其实，在工作中，偶尔加班或者受委屈是很正常的事情，身在职场，谁没受过几次委屈呢？累的时候、受委屈的时候适当调节一下也就过去了，都是成年人，在工作上没那么矫情。

但是，当委屈比较多，再加上钻牛角尖，那么，就很容易形成冲动型离职。

比如说，一个人受了委屈，这一刻，他没有调整出来，他所有的注意力就都会在受委屈上，他会想到之前受过的所有委屈，会自己放大这种委屈，越想越觉得自己太委屈，然后，什么未来、什么计划全部被抛诸脑后，那个时候，他最想做的就是把情绪宣泄出来，其他都不重要。因此，这种时候他就会做一些失控的事情。比如，直接提离职。因为只有这样，他的心里才会好受一些。

疲倦也是一样，偶尔加班不觉得辛苦，但是一直在加班，加上因为某些事情导致钻牛角尖，一时没想通，就会觉得疲惫，长期的疲惫就会导致对工作的厌恶。

那种厌恶就是一刻也不想工作了，就想逃离。

除此之外，对某一个人尤其是自己的直接上级的厌恶，对工作氛围的厌恶也容易产生冲动型离职。

那么，当我们碰到类似的有离职冲动的时候怎么办呢？笔者在这里提出一点自己的方法，希望对你有所帮助。

首先，就像在恋爱过程中不要轻易提分手一样。提离职其实是一件很伤害双方感情的事。所以，再怎么想提离职的时候，都不要轻易把这两个字说出口。重要的事情说三遍：不要轻易提离职！不要轻易提离职！不要轻易提离职！

然后，当自己有离职想法的时候，把我要“离职”改成我要“请假”。请个假，好好休息一下，休息可以缓解工作的疲劳，休息的时候也可以好好想一想自己为什么会有离职的想法。是因为委屈，受人影响，还是工作太累。

如果是工作太累，就干脆请个长假好好休息。

如果是受委屈，这个时候就可以好好想想自己的未来，很多时候，在这种复盘思考的时候委屈就被消化了。这时候，就会发现好像并没什么事。

人很奇怪，有时候站在山顶，往下一看，那些让自己委屈的事情就很渺小，甚至就这样消散了。

如果是受其他人的影响，切记，无论什么时候，远离喜欢抱怨的人。然后，好好考虑离职对自己的影响，好好想想事情是否有别人说的那么严重。

一般情况下，这么一轮想下来，基本就没那么迫不及待要离职。

我们接着看理性的冷静型离职。

既然是理性的、冷静的，那么就是经过深思熟虑的。经过深思熟虑之后决定要离职的原因也有很多，毕竟千人千面，每个人的生活状况不同，离职的原因也不一样。这里主要讲由于薪资和成长受限这两个原因导致的离职。

对于绝大多数人来说，工作最主要的目的就是赚钱。如果自己当下的工作没有办法赚到足以支撑自己生活或者支撑家庭开销的薪资，他离职的概率就会很大。

虽然我很想说，对于年轻人来说，成长更重要，只要能学到东西，前期薪资不高是可以接受的。但是，现实情况很复杂。

有些人刚毕业出来，就面临着给自己家人还贷，养活一家人的重任，这种情况下，生存是首选，讲成长就有点虚了。就个人来讲，肯定选择薪资更高的工作。所以，一旦发现更好的机会，他就会离职，这是可以理解的。

当然，对于大部分年轻人来说，刚毕业，还不需要养家糊口。一人吃饱，全家不饿，甚至家里还可以给补贴。这种情况下，成长就显得更加重要。

而且，关于薪资这个事情，前面的章节也提到过，薪资与行业有关，与公司有关，与岗位有关。不同行业的薪资标准是不一样的，比如说金融行业和快消行业，同样干销售，薪资待遇差别就很大。

不同公司也不一样，有的公司比较小，能开出的薪资上限就在那里，再怎么努力，薪资也无法达到大公司可以给的同等水平的薪资。这也是很多小公司无法留住人的一个原因。

所以，刚毕业的年轻人在考虑薪资问题的时候要从多方面去看，不要只看一个数字。

就像薪资对于一部分人来说是离职的决定性因素，成长对于另一部分来说也是决定性因素。这类人通常对自己有更高的期待，渴望成长。如果他们在一个岗位上毫无成长而且在可以预见的未来一样没有任何成长，那么，在合适的时机，他一定会毫不犹豫选择离职。

一般情况下，冲动型离职是可以挽留的，理性的离职是很难挽留的。

说完离职的原因，我们来说说离职后的去向。

通常来说，离职之后有这样一些选择。

1. 换行业不换岗位

比如说一个销售从金融行业换到通信行业。这种情况比较好的方面是有一定的岗位经验；不太好的方面是，很多时候这些经验在新的行业并不适用，甚至会起反效果。所以，即便是换行业不换岗位，最好也是选择相似或者相关的行业，这样经验可以起到积极的作用。

2. 换行业换岗位

比如说一个通信行业的会计去从事金融行业的销售。能做出这样选择的，要么是本身对想要从事的行业充满兴趣甚至有一定的基础。要么，就是对自己现在的行业和岗位都深恶痛绝，实在不想再接触。要么，就是完全没有任何理由，找到什么工作做什么工作。当然，还有其他各种各样的原因。无论哪一种，都很有勇气，因为很有可能会放弃过去所有的经验，从零开始。

3. 不换行业换岗位

比如一个通信行业的会计去从事通信行业的销售。这其实会有一些优势，优势在于对行业的熟悉和了解，可以在新的工作中更快适应上手。当然，这种情况就相当于是去同行公司工作，有一定的风险。一般来说，会计这类岗位是一家公司的核心岗位，掌握着公司的机密，会被要求签订保密协议、竞业协议等，在这种情况下去同行公司工作，有可能会面临法律风险。此处只是举一个会计的例子，实际上，在任何岗位上去同行业公司工作，都会有法律风险。

4. 不换行业不换岗位

比如一个通信行业的销售去从事另一家通信行业公司的销售，说白了，就是去同行公司工作。这种情况有些是被同行高薪挖走，有些是自己被同行公司的高薪吸引跳槽走的。当然，还有其他各种各样的情况。无论哪一种原因，只要最终有这样的行为，就可能面临法律风险。

5. 自己创业

自己创业就不涉及岗位保密责任，但还是要分一下行业。如果是同行业的，同样会有法律风险，这种风险比跳槽更大。毕竟，有些员工并没有掌握公司机密，跳槽就跳槽，有时候原公司不予计较。但是，开一家和自己对着干的公司，小打小闹也就算了，要是有什么做大的苗头，那肯定要走法律程序了。当然，市场上不是所有出去创业，做与老东家同行业生意的人都和老东家对簿公堂，还是有互相合作的，这里就不详细阐述了。如果是不同行业的，那就没什么关系，好好发挥自己的创造力，去创造价值，是一件有趣而且有意义的事情。

可以说离职是绝大多数人在职场生涯中都会经历的事情。现实世界是复杂而多变的，离职的理由远不止此处所讲的几种，离职的去向也不止此处所讲的几种。

无论最终因为什么而离职，无论离职最后去了哪里，笔者还是祝福在你未来的离职过程中，能够体面地分手，与老东家有一个共赢的未来。

杂货铺

杂货铺顾名思义是放杂货的地方，总有一些内容是无法单独成篇，却又不得不提的。笔者将这部分的内容集中放在杂货铺中，作为对前述章节的补充。

（1）在刚进入职场的阶段，如果家庭的生活不需要你的工资来维持，那么尽量不必过分在意薪资待遇，这个阶段首要的任务是成长。

（2）勤奋是培养能力的方法。刚进入职场的年轻人，多进行有效的加班是提升能力的好办法。在智商差不多的情况下，怎么能在两年就有别人五年的成就，唯有比别人花更多的时间。别人打游戏，你工作；别人旅游，你工作；别人谈恋爱，你工作。那么，别人在工作上怎么追得上你呢？当然了，这是对于有进取追求之心的人来说的。当然了，能看到这段话的你，肯定就是这样对自己有要求的人。

（3）任何一位作者都是基于自己对世界的理解来写作的，而每个人的经历不同，所看到的世界也就不同。所以，当我们在看书的时候，不要完全照搬任何一本书上的操作。古语云：“尽信书不如无书”。在看书时一定要结合自己的实际情况来判断书中的方法是否适用。

（4）对于一个新手来说，少说话，多观察、多做事大体上不会有什么问题。

（5）养成随手保存文件的习惯，不然，你也不知道什么时候公司突然停电或者电脑突然抽风，你辛辛苦苦写的文件就会全部消失，需要从头再来。

（6）办公室恋情是个很敏感的话题。如无必要，最好不要谈办公室恋情。但是，现在的年轻人都很忙，很多时候就是公司和家里两点一线的生活，除了同事很少接触到其他异性，有比较合适的，在一起也不错。

（7）不要随意在朋友圈等熟人社交媒体或者公共场合发不合时宜的感慨。

（8）如果自己每天都很忙，却又不知道忙什么，那么，可以停下来，好好思考自己究竟在忙什么，这个忙到底有没有价值。

（9）职场上不可能没有压力。压力到来时，可以先让大脑休息 10 分钟，什么也不想。然后，静下心来，思考解决问题的办法。减轻压力最好的办法就是把问题解决了，把任务完成了。

（10）如果可以的话，尽量选择住在离公司近的地方，这不仅是经济账，住得近有更多的加班机会，可以做一些举手之劳的工作，不用担心末班车，可以有更多的业余时间做自己喜欢的事，好处很多。

（11）一个月甚至一个月以上做一次的事情，一定要把操作流程记录得清清楚楚，否则下次操作的时候，可能完全想不起来。

（12）再忙也要检查一下，当天的事情有没有做完，争取做到日清日结，如果没有做完要记录好进度，第二天继续。

（13）经手的事情一定要做好记录。

（14）长时间工作，一定要注意休息，站起来走动走动，看看远处的风景，要劳逸结合，效率才会更高。

（15）睡觉之前可以反思一下白天发生的事情，可以想通很多事。

（16）定期回顾过往工作，总结一些经验。

（17）技多不压身，多学习一些技巧，工作起来更轻松。

（18）上下班路上可以学习一些自己感兴趣的东西。

（19）做数据之前，要先想好思路，再提取数据。

（20）不要强迫别人接受自己认为对的事情。

（21）可以给经常做的工作建立模板，这样可以提高效率。

（22）自己不确定的事情要多求助，多确认。

（23）意外总会发生，当意外发生时，不要慌，要锻炼自己处理意外事件的能力。

（24）不要的东西可以及时清理，这样可以保证桌面整洁，找东西比较快。

（25）办公室政治无处不在，但如果你只是一个新人或者普通员工，完全没必要过分关注，将注意力放在完成任务上，放在提高自己的能力上才是正解。

（26）有任何变动，会影响到其他人的，一定要及时通知，同步信息，这样效率更高。

（27）来不及做的事情先记录下来，把手头上的事情忙完再回头处理。

（28）专业的事情要问专业的人员，效果会更好。

（29）重要文件，尤其涉及数据的时候，提交给领导之前一定要检查清楚。

（30）数据有变动时做好记录，记录的时候要同时记录好变化的时间和变化的原因。

（31）凡事要往前多想一步。

（32）重要的事情先做完，做完后剩下的时间很轻松。

（33）和优秀的人一起，每天都能进步一点点。

（34）离开座位时，要养成关闭电脑屏幕的习惯，这是信息安全。

（35）不要轻易说“我不懂”“我不会”可以改成“我可以学”。

（36）需要经常打印的资料可以在闲暇时调整好格式，打印的时候就会很方便。

（37）工作上的沟通要对事不对人。

（38）常把人往好处想，世界上便多了无数可爱的人。

（39）邮件内容要写清楚需要对方做什么，否则对方看了邮件也不知道要干什么。

（40）日常的基础工作要严格按照流程来执行，不可以偷懒省事。

（41）遇到事情的时候多想几个解决办法，一个不行，就下一个。

（42）处理类似搬家或者挪移物品的事情，最好先拍个照，做个盘点，不然少了什么东西都不知道。

（43）流程要闭环，所有的邮件都得走完流程才算完事。

以上内容中，有 35 条内容来源于笔者团队伙伴的“今日收获”，感谢伙伴们的分享。

第二篇 02

管理篇

每个人都是自己的管理者

管理初体验

恭喜你，成为一名管理者。

不同级别的管理者，承担的责任和角色是不一样的。

比如，基层管理者的工作性质偏向执行指令、指导员工；中层管理者更多的是协调、跨部门沟通；高层管理者更多的是经营、战略、把握大方向。

本书管理篇的重点放在中、基层管理者的日常管理工作上。

笔者根据自身的管理实践及所学将日常管理分为对事务的管理和对人才的管理。二者相互作用，相辅相成，共同促进团队目标的达成。

对事务的管理包括目标的确认、分解、布置、跟进及达成；制度、规则、标准、流程的制订及落实。

对人才的管理包括招聘、培训、考核、晋升降级、离职等。

根据以往的经验，笔者总结了一套流程，仅供参考。

首先，管理者需要明确团队存在的意义就是完成团队的绩效目标。管理一定是有目标的，如果没有目标就不需要管理。

绩效目标决定了团队后续的走向。

比如，一个售后团队的绩效目标如果是处理好客户的售后问题。那么这个团队后续的工作安排、考核方向都会围绕处理好客户的售后问题这个目标来制定。

同样这支团队，如果把绩效目标定位在处理好客户售后问题的基础上，通过客户反馈的问题推动公司内部运营改进。那么这个团队后续的工作安排和考核方向除了处理好客户的售后问题还会有客户反馈的问题分析及输出等。

由此可见，绩效目标的制订尤为重要，这是一切的源头，也是所有行动的指南。

在明确了绩效目标后，就要思考需要多少岗位，每个岗位需要多少人来共同完成这个目标，以及将团队目标分解到每一位团队成员身上，制定每个岗位的工作职责，并根据工作职责制作岗位说明书。

这里需要强调的是，很多人认为岗位说明书是人力资源部做的事情，人力资源部给了模板之后，随便应付一下就好了。

这样的想法是不利于团队工作开展的。岗位说明书对团队管理来说非常重要，它是招聘、培训和考核的基础，作为团队管理者，一定要认认真真地填写岗位说明书。

下一步，根据岗位说明书编写招聘需求，挑选合适的人进入到自己的团队。

再下一步，根据岗位说明书及公司的实际情况，制作人才成长方案，开始各类培训。

再下一步，根据岗位说明书及公司的实际情况，制作适合公司和岗位的激励与考核方案。

以上的招聘、培训和考核方案都需要依据岗位说明书来进行，为什么呢？因为岗位说明书写的就是这个岗位的工作职责，也就是这个岗位需要做什么。通过工作职责可以明确这个岗位需要什么能力、什么性格特质的人才；通过工作职责可以明确需要怎样的培训可以使得人才得以胜任，完成工作任务；通过工作职责可以明确标准、从而制订考核内容。

接着，团队成员经过培训、考核、再培训以及工作实践的磨练，有的成员能力得到了提升，有的成员依旧能力平平，甚至经常拖后腿。对于能力强的员工，你给他申请涨薪，给他更多的资源，有合适的机会还会推荐他去更高的职位；对于能力一般的员工，你可能会再多花些心思让他成长；对于能力差的员工，你可能就会考虑辞退他。

以上就是笔者认为的相对完整的团队日常管理的流程，简化出来就是：

制定目标—分解目标—制作岗位说明书—编写招聘需求—招聘—培训—激励与考核—晋升与降级—处理主动离职与辞退。

每一个环节都有对应的管理方法和工具，在方法和工具之下是管理的理念。

笔者十分敬佩陈春花教授，并从她的《管理的常识》《从理念到行为习惯》等书中受益颇多，以下为陈教授书中的经典理念语句摘录，希望对你有帮助。

（1）比使命更重要的是行动。

（2）管理须用问题做导向，勿用成就做导向。

（3）管理中，不要把“人”与“事”混为一谈。

（4）管理的关键在于问题发掘是否准确到位。

（5）管理没有对错，只有面对事实，解决问题。

（6）管理需要让下属明白什么是最重要的。

（7）管理不谈对错，只是面对现实，解决问题。

（8）管理是“管事”而不是“管人”。

（9）衡量管理水平的唯一标准是能否让个人目标与组织目标合二为一。

（10）忠诚的衡量应该是员工对于组织目标的贡献而非其他。

（11）管理只对绩效负责。

（12）只有功劳才会产生绩效，苦劳不产生绩效。为苦劳鼓掌，为功劳买单。

（13）只有能力才会产生绩效，态度不会。态度必须转化为能力才会产生绩效。

（14）在品德与才干这个问题的选择上，有两种情况下必须强调以德为先。第一种情况是招聘人员的时候，我们需要首先考量他的品德，关注他的价值取向，才能不是优先考量的条件；第二种情况是提拔人员的时候，我们也需要首先考量他的品德，因为这个时候能力不是最重要的，最重要的是他能否带领大家走在正确的道路上。

（15）管理始终为经营服务。经营能力是选择正确的事做，管理能力就是把事做正确。从这个意义上说经营是第一位的，管理是第二位的。

这些管理理念有没有一种醍醐灌顶的感觉呢？如果想了解更多精彩的管理理念大家可以去看陈春花教授的《管理的常识》这本书，这本书的观点十分精辟，内容十分精彩。

本篇内容仅仅是管理的初体验，是一个引子，后面的内容我们将重点聊一聊本章管理流程中每一环节的操作方法和所使用的工具，希望对你有所帮助。

如何明确团队目标

任何一个团队都是因为一个目标而成立的，要管理好一个团队就要先明确团队的目标。

在明确团队目标之前，我们先看看一位管理者管理一个团队的几种情况。我们将曾经没有担任过管理角色的管理者称为新晋管理者，将曾经担任过管理角色的管理者称为一般管理者。将从无到有新组建的团队称为新团队，将原本就存在的团队称为一般团队（此处包含重组的情况）。

那么，这里就有四种情况：

（1）新晋管理者管理新团队；

（2）新晋管理者管理一般团队；

（3）一般管理者管理新团队；

（4）一般管理者管理一般团队。

在这四种不同的情况下，管理者在上任之初的工作要点是不一样的，我们逐一来看。

一、新晋管理者管理新团队

这种情况在正常的管理实践中是比较少见的，新晋管理者没有担任过管理角色，没有管理工作经验，一般情况下是不会选择让新晋管理者去管理新团队的。

但少见不代表没有，在一些初创公司或者中小企业的特殊时期就会存在让新晋管理者管理新团队的情况。

从无到有组建新团队有难度也有优势，难度自不用说，凡事从 0 到 1，都很难。优势至少有这么几个：无须处理复杂的人际关系（因为没有人）；新招聘的人都是自己招聘的，便于后续管理；可以从团队目标开始按照逻辑往下走，管理线条很清晰。

作为新晋管理者，在接到组建新团队的任务时，首要的工作是什么呢？

明确团队目标。

因为目标是后续一切管理工作的开始。只有明确了团队目标，才能根据目标确定团队工作内容，再根据工作内容决定团队的岗位设置、人员数量以及岗位工作职责，再根据工作职责进行招聘从而搭建团队。

那么，如何明确团队目标呢？

从理论层面来讲，团队的目标就是成立团队的目的。这个目的不是一成不变的，随着企业的发展，一个团队在企业中承担的角色不同，目标也就不同。

目标的明确来源于两个方面：一个是上级给定；另一个是自己思考发掘。作为一名新晋管理者，绝大多数情况下，目标都是上级制定好的。在这里，笔者想提两句：即便是上级制定好的目标，作为管理者，自己也要去思考一下在这个目标之外，自己有没有什么新的补充目标。不要小看了这样的一个思考，这个思考可以帮助我们厘清很多事情。

所以，关于如何明确团队目标这个问题，笔者认为结合上级给定的目标和自己经过思考后的补充目标形成一个综合版的目标可能会更好一些。

二、新晋管理者管理一般团队

这种情况是比较常见的，其中最常见的一种情形就是：通过内部选拔或者直接任命的方式将团队内原成员提拔为团队管理者。

对于新晋管理者而言，管理一般团队比新建团队要相对容易一些，毕竟业务是熟悉的业务，团队目标、团队成员、流程、考核、制度、规则等都是现成的，不用在前期费脑筋去想。但管理一般团队也有管理新建团队所没有的困难，这个困难来源于人。

所以，对于新晋管理者来说，管理一般团队的首要任务就是：平稳过渡。

这个时候，就需要率先对自己承担的角色有充分的认识，把自己的定位从员工变为管理者。然后，跟每一位团队成员吃饭聊天，了解他们内心的真实想法。区分清楚哪些人会成为力挺你的骨干，哪些是可以做事的，牢牢抓住这些人，这是你新团队的核心。同时，也要区分清楚，哪些人会成为团队的不稳定因素甚至不利因素，要尽早清理。

毕竟，人心是复杂的，不是所有人都能接受原本一起上班挤公交的人突然就变成了自己的顶头上司，也不是所有管理者在离职的时候都不带走原团队的任何一个人。这种情况在大公司尤为常见，可谓是“一朝天子一朝臣”。

在解决了人的问题后，还有很多原团队遗留的问题等着新的管理者去解决，等到所有紧急的事情都处理完，团队走上了正轨，这个时候，管理者就可以从日常事务中抽身，好好去想一想团队目标的事情了。

正如前文所说，随着企业的发展，一个团队在企业中承担的角色不同，目标也就不同。可能这个时候团队已经相当成熟了，要承担起更重要的责任了，要重新思考团队目标了。

于是，又开始了这样的流程：

确定团队目标—明确团队工作—明确岗位设置、人员数量以及岗位工作职责—招聘，扩充团队。

那么，如何明确团队目标呢？

这个回答跟上一种情况没什么不一样，笔者依然建议结合上级给定的目标和自己经过思考后的补充目标形成一个综合版的团队目标。

三、一般管理者管理新团队

这种情况也比较常见，一般公司组建一个新的团队都更倾向有管理经验的一般管理者。一般管理者根据来源分为两类：内部一般管理者和外部一般管理者。

顾名思义，内部一般管理者就是来源于公司内部的一般管理者，是公司的现任管理者。这类管理者在管理新团队时有天然的优势：对行业有自己的认识和判断，对公司的运营模式和规章制度了如指掌，对上司的性格以及公司的环境已经适应。这些优势无一不是在帮助内部一般管理者以最快的速度组建团队，投入工作。

如果这个内部一般管理者组建的新团队和原有的团队性质一样，比如说一位优秀的销售经理重新组建一支销售团队，那么他的优势会更大，因为他除了具有上述优势之外，他还有此类团队的管理经验。

如果这个内部一般管理者组建的新团队和原有的团队性质不一样，比如说一位优秀的销售经理去组建一支人事行政团队，那么他具备内部一般管理者的共同优势（对行业、对公司、对业务、对制度等的熟悉），除此之外，因为带的是没接触过的团队，所以，不容易陷入到固定的思维之中，可以更具有创新性。与此同时，因为不具备该类团队的管理经验，相对来说，会比上一种稍微有些难度。

外部一般管理者就是从外部招聘的一般管理者，通常来说，公司决定从外部招聘一般管理者来组建新团队有这样几个原因：一是内部管理梯度脱节，没有准备储备干部，如果让内部一般管理者去组建新团队，但公司内部无人符合晋升条件，那么他原来的团队就没有管理者了。二是新团队的业务性质非常新，是一种新的尝试和突破，内部没有人可以胜任。基于这样的现实原因找的外部一般管理者有一个共性：有该类团队的管理经验。这一点十分重要。

对于外部一般管理者来说，最大的劣势就是对公司不熟悉，需要花时间去适应新的环境。好在，对于经验丰富的管理者来说，这并不是一个问题。

当然，无论是内部一般管理者还是外部一般管理者，在组建新团队方面与新晋管理者需要做的事情都是一样的，首要工作都是明确团队目标。

明确团队目标的方法笔者的建议也是一样的：结合上级给定的目标和自己经过思考后的补充目标形成一个综合版的目标。

只不过，一般管理者因为具有团队管理经验，所以组建新团队的过程会比新晋管理者更顺畅、更高效一点。

四、一般管理者管理一般团队

这种情况也比较常见，对于内部的一般管理者来说，这属于调岗。从一个管理岗调到另外一个管理岗，有可能带的是与之前相同性质的团队，有可能带的是不一样性质的团队。

如果带的是与之前相同性质的团队，他上手会很快，行业、公司、团队和人都是熟悉的，就不需要很长的适应过程。

如果带的是与之前不同性质的团队，上手会稍微慢一点，因为团队和人可能不那么熟悉，需要去了解和适应。

关于内部一般管理者的优劣势详见第三条“一般管理者管理新团队”。

如果公司内部暂时没有人可以胜任该一般团队的管理岗位或者无法抽出人手来担任该一般团队的管理者，公司会选择从外部招聘一般管理者。

外部一般管理者管理一般团队可能需要一些时间，因为公司和人都不熟悉，要适应公司的文化，要熟悉团队的成员。

无论是内部一般管理者还是外部一般管理者，在管理一般团队的时候，首要的任务是一致的：平稳过渡。先稳定军心，再解决已经暴露出来的显性问题，再通过明确团队目标、明确岗位设置、人员数量以及岗位工作职责、梳理流程等方式找到隐性问题并解决。

上述四种情况是我们在实际工作中经常遇到的场景，介绍到这里。

当我们通过上述介绍的方法明确了团队目标之后，下一步就需要围绕这个目标来明确团队工作，再根据团队工作明确岗位、各岗位人员数量以及岗位工作职责了。

这里我们来简单聊一聊岗位。

岗位是一个组织的最小单位，我们可以把岗位想象为一个容器，把工作任务想象为板栗。

假设团队的所有任务是10个板栗，但是，一个容器最多只能装五个板栗。那我们要在一个容器里装多少个板栗呢？

如果我们装五个板栗，分两个容器装，刚好把十个板栗装满，会怎样呢？

会出现工作量过于饱和，这样过于饱和的状态会出现两个比较大的问题：一是员工的状态比较疲惫，工作上容易出差错；二是当团队有额外的任务要完成时，完全没有人手可以承担。

那如果我们每个容器装两个，分五个容器装，会怎样呢？

很显然，会出现工作量严重不足，员工上班就无所事事了。

如果两个容器装三个，一个容器装四个，会怎样呢？

如果这三个人的岗位是一样的，拿的薪资是一样的，有一个人却要做更多的工作，那这个人肯定心里不服气，觉得不公平，这是不利于团队稳定的。

如果要解决这个问题怎么办呢？可以给那个做更多事情的人更多的薪资，也就是同岗不同薪，这样就解决了不公平的问题，多劳多得。

当然了，还有很多其他的分法，读到此处时，可以把书放在一边，想一想其他的分法。

在实际工作场景中，很难完全有平均分配且工作量不多不少的情况。我们只能说，尽可能保证相同岗位的工作量是大致的，然后有一定的弹性空间。

如果出现了有员工工作量过少的情况，那就往上加工作量。如果出现了有员工工作量过于饱和，要不就适当增加人手，要不就给其加薪。

办法总比困难多，在管理实践中，我们很难有一招鲜的法子，很多时候，都是根据实际情况去想解决问题的办法。正如那句话所说：“管理就是面对现实，解决问题。”

如何找到适合的团队伙伴

在我们明确了岗位设置、岗位职责后，就可以根据岗位职责去挖掘这个岗位需要的人才。

我们常说，适合的就是最好的。那怎样才算是适合呢？一定是有一个标准的。这里我们介绍一个工具：KSAO。我们通过这个工具从岗位职责中提炼出所需人才的一些要素。

KSAO是四个英文单词的首字母，分别代表着以下内容：

K（Knowledge）：知识，执行某项工作任务需要的具体信息，这种信息一般通过正规的学校教育、在职培训或者工作实践积累获得。这一项主要反映任职者的知识水平。

S（Skill）：技能，在工作中运用某种工具或操作某种设备的熟练程度。这种技能可以通过正规的课堂学习获得，也可以在工作实践中通过非正规的方式获得。

A（Ability）：才能，它包括了智力、空间感、反应速度、耐久力等方面的内容。例如理解能力、寻找信息的能力、与客户沟通的能力。

O（Other）：其他的个性特征，指的是有效完成某一工作需要的其他个性特征。它包括对任职者的绩效技能要求、工作态度、人格个性以及其他特征要求等。例如自信、进取心、成就动机、分享精神、合作精神等就属于“其他”特征要求，能够反映某人开展工作与其他人执行这一工作有何不同。

不同的岗位对这几方面的要求是不一样的，我们根据岗位的实际情况，分析出该岗位需要具备怎样的能力。

以某公司的销售岗位为例。该公司有两个销售部门，销售一部通过网络、展会等渠道自己找商机，然后通过电话、面谈的方式洽谈成交。销售二部通过在搜索引擎上投放广告获得商机，然后由在线客服分配商机，线上洽谈成交。

那么，这两个部门所需要的销售的能力是不一样的。

对于销售一部的销售来说，他需要自己去寻找商机，那么信息搜集的能力就比较重要。需要与客户进行当面交流，那么面对面沟通的能力就比较重要。

而对于销售二部的销售来说，他不需要自己去寻找商机，所以信息搜集能力就不那么重要。他也可以不需要那么擅长面对面沟通，但一定要擅长网络沟通。

这只是举一个简单的例子，说明即便是相同的岗位，实际的情况不一样，对各种能力的要求也是不一样的。当然，销售岗位对能力的要求也是有一定的共性的，比如，自信、成就欲（也叫要性或者目标感）、客户的服务意识、积极主动等。

当我们明确了这个岗位需要具备哪些要素能力的时候，我们就可以给这些要素按照重要性来排个序。给每一种要素按重要性打个分，这样就形成了这个岗位的胜任能力模型。

这些要素当中，有一些要素可以在面试中体现，有一些无法在面试中体现。我们把可以在面试中体现出来的要素单独列出来，再按满分

100分或者10分来打分，制作一份《面试评分表》。

与此同时，我们可以根据岗位的胜任能力模型把岗位的招聘需求提交给人力资源部门，让他们安排招聘。

人力资源部门通过各种渠道邀约来了一些候选人，我们就要在这些候选人中挑选适合我们团队的伙伴。

在正式面试前，作为团队的管理者还有一项工作要做，就是设计面试问题。

面试的时间是很有限的，如何在有限的时间了解到自己想要了解的内容是非常考验面试官能力的。

此处我们介绍一个工具，叫STAR面试法。

STAR是四个英文单词的首字母，分别代表着以下内容。

S（Situation）：背景，指的是候选人过去工作的背景。在面试的过程中，可以通过提问与工作成绩有关的背景问题来了解候选人取得优秀成绩的原因，他能取得这样的成绩多少是与行业有关、多少是与市场有关、多少是与公司有关、多少是与他自己有关。

在实际的面试场景中，不少面试官不会就背景深挖，候选人说自己在之前的公司因为什么原因多长时间取得了多么优异的成绩就信以为真，这是要十分注意的。

要根据候选人的回答往下问，越具体越好，一定要把话语中的水分挤出去从而看到他实际的能力。

T（Task）：任务，指的是候选人过去的工作内容。主要是通过这些内容了解候选人的工作经历和经验，从而判断他曾经从事的这些工作经验是否适合我们目前的岗位。

A（Action）：行动，指的是候选人过去为了完成工作，都采取哪些行动，以此来了解他的工作方式、思维方式和行为方式。

R（Result）：结果，指的是候选人过去取得的成绩。

通过这个面试法，我们基本上可以了解这个候选人在什么背景下，承担什么样的任务，通过什么样的行动取得了什么样的结果。对他的能力有一个大概的认识。

我们可以结合 STAR 面试法和面试评分表提前精心设计一些问题。

前期的准备工作结束，正式进入面试环节，在面试过程中，有几点需要特别注意。

1. 首因效应

就是第一印象，有些人通过面试前的准备给人的第一印象比较好，面试官在面试的过程中容易因为第一印象好而找出各种各样的理由说服自己这个人确实很不错，从而忽视了一些问题。

2. 光环效应

就是说候选人个别方面有特长，比如面试过程中沟通能力特别强，会导致面试官只关注到沟通能力非常强这一点，而忽视了其他的问题。

3. 近因效应

这个很好理解，就像我们看比赛，第一名和最后一名通常都会更受关注。如果一个候选人前面的问题回答得一般，但是最后几个问题回答到面试官的心坎里去了，面试官可能心里就会觉得，这个人还是很不错的，而忽视了前期表现的不足。

这也是面试评分表的一个作用，在面试过程中拿着评分表，可以时刻提醒面试官要综合评估候选人的表现，而不仅仅是凭感觉判断。

4. 面试过程中不要聊无关话题

有些面试官跟候选人聊到一些相同的兴趣爱好会聊得时间比较长，同时，也会因为彼此有相同的兴趣爱好而对其表现出好感和认同感，从而忽视掉其他的问题。

5. 尽量不要提跟隐私有关的话题

比如说“有没有对象”之类的话，这个要限制性使用，如果感觉候选人对这类问题比较敏感，最好不要深入问下去。

6. 问题要越具体越好

尤其面对专业性问题，可以不断深挖，少问一些诸如“你如何评价你自己”这类的问题，因为只要人不傻，都不会说对自己不利的内容。

以上是寻找团队伙伴的一个常规流程和注意的事项。

在实际的工作场景中，还有很多其他的方式找到团队的伙伴。比如有时就会遇到这样的情况：有一个很优秀很优秀的人，暂时没有合适的岗位给他，先把他留下来，等有合适岗位的时候再委以重任等。不同的情况有不同的应对之法。

虽然这一篇都是谈论如何找到适合的团队伙伴。但是，一个人是否适合一个岗位，是否能够胜任一个岗位，在没有正式工作之前都无法完全判断。本篇讲述的所有内容都是在没有正式进入工作岗位前为了提高人岗匹配度所做的工作，更多的还是要通过后续的工作实践来观察。

合适的人放在合适的位置

把合适的人放在合适的位置，也就是知人善用。这是笔者认为的作为管理者的一个比较高的境界，它充分体现了什么叫知难行易。

这是一个众所周知近乎真理的存在，但是，真正能做到的人却凤毛麟角。对笔者来说，知人善用是一个终生的课题，也是终生的修行。

“知人善用”的难在于“知人”上，“知人”为什么难？一方面，人很复杂；另一方面，我们很多时候并不能完全确认一个岗位用什么样的人比较合适。

我们先通过一个工具看一下人性的复杂。

这个工具叫“乔韩窗口理论”，其实就是一个二维四象限图，由美国的两位心理学家提出，是一个关于自我认识的理论工具。

横轴左右两侧分别是：别人不了解的自己，别人了解的自己。

纵轴上下两侧分别是：自己不了解的自己，自己了解的自己。

这样就有了对自己认识的四个部分，分别是以下几种。

公开的自我：别人了解，自己也了解的自我，这是公开透明的。比如一个人很擅长做表格，他身边的同事也都知道他很擅长做表格，那么擅长做表格的我就是公开的自我。

盲目的自我：别人了解的，自己却不了解的自我。比如一个人总觉得自己很谦逊，以谦虚自居，可别人却在其日常的行为中，发现他很自恋，完全不谦虚，这样的一个自我就是盲目的自我。

秘密的自我：别人不了解，自己了解的自我。比如一些私密的癖好，别人是不会了解的，只有自己知道。

未知的自我：别人不了解，自己也不了解的自我，这是潜在的未被开发的部分。比如，一个人从来没有在公众面前演讲过，他平时自己也不会练习演讲，忽然有一次，必须要硬着头皮上，发现效果还不错，挺有天分的。但是，如果他没有一个演讲的契机，说不定这个能力就永远不会被发现。

看看，人有多复杂。我们常听说："读万卷书不如行万里路，行万里路不如阅人无数。"即便有丰富的阅历，即便做到了阅人无数，也不过是增加识人的准确度，而无法完全看透一个人。

毕竟，人的潜力是无限的，未知的自我强大到没有人知道。

我们再来看第二个难点：我们很多时候并不能完全确认一个岗位什么样的人比较合适。

虽然前文提到通过岗位职责来提炼要素、制作胜任能力模型，但依旧会存在大量人岗不匹配的情况。

知识、技能可以通过简历上的教育经历、各类证书等来判断。

部分才能和个性特征也可以根据精心设计的问题来判断。

但绝大多数的才能和个性特征尤其是个性特征在短短几十分钟的面试中是很难看出来的，更多的还是在后续的工作实践中观察。

而实际的工作环境往往是复杂多变的，人更是不可能一成不变的。

一家公司在不同的发展阶段，对同一岗位的要求不是不一样的，同样，一个人在不同的阶段，能力是不同的，胜任能力是有变动的。甚至，仅仅是因为管理者的不同，同一个人的表现也完全不同。这些情况相信大家都能理解，此处就不再展开讨论。

有时候我们会遇到这样的情况：根据胜任能力模型挑选出来的认为非常优秀的候选人，在入职后表现一般，甚至短时间内离职。

怎么办呢？

问题的症结可能是我们的模型遗漏了一些很重要的个人特质。那么，我们就可以看看在职的同岗位的优秀的员工都具备怎样的特质，然后按照这个优秀员工的特质去招聘。

比如，有些行业的销售从业人员要求能静下心来积累，要耐得住压力，慢慢来，越往后走越好。但是，有的行业的销售从业人员由于行业特性，来钱特别快，而且也不用付出多么艰苦的努力。那么，很有可能，从事来钱快的那个行业的销售人员在前述行业的面试环节各方面表现非常优异。但是，入职之后扛不住压力，觉得积累很辛苦，前期又赚不到钱就离职了。

经过了几次甚至十几次这样的案例，这个公司有可能就列出一条规定：不招曾经做过某某行业的销售。为什么要出这样一条规定呢？是歧视吗？显然不是。因为根据经验，从事某某行业的销售有这样的个人特质：习惯了来钱快的，静不下心来做积累。而这样的特质不适合做这个公司的销售。

这是教训积累出来的经验，虽然这样的经验有点一竿子打翻一船人的感觉，但是，这样的效率是高的，这样的做法在实际管理过程中也是可取的。

综上，我们可以看到，“知人”真的很难，但就算很难，也还是有一些办法可以提高“知人”的准确度的。我们也可以看到：管理没有所谓的最好的、唯一的方法，只有面对实际情况的合适的解决方法。

接下来，我们再介绍一个二维四象限的工具，来看看面对具体的员工，要用怎样的管理方法。

我们把横轴的左右两边分为：态度好、态度差；把纵轴的上下两边分为：能力强、能力弱。这样我们就得到了这样四种类型的员工分类。

态度好、能力强的员工：这样的员工一般都是管理者的“心头好”、团队的核心骨干（如果管理者是个小肚鸡肠且容易嫉妒还没什么能力的人，那就不是“心头好”，而是“眼中钉”了）。面对这样的员工，给予充分的授权和应有的甚至是超额的奖励就好（千万不要亏待这样的员工）。告诉他要做什么事情，他自己会想办法把该做的事情做好。管理者在面对这样的员工的时候，千万不要“好为人师”。对于能力强有想法的人来说，你把他当小白一样教，对他是一种不尊重。

态度好、能力差的员工：对于这样的员工在管理的过程中，要更多地干预其实际的工作，要给予其具体操作的指导。管理的重点在于提高其工作能力，尽可能让他从态度好、能力差变成态度好、能力强。

在区分这类员工时，要注意看态度好是真好还是假好，比如，在工作中，总有些人看上去很勤奋，业绩却始终提不上去，能力也一直平平，这种情况要不就是能力实在太差，要不就是假勤奋。

态度差、能力强的员工：这样的员工要限制性使用，他就像是一颗不知道什么时候会爆炸的炸弹，不爆炸还好，爆炸了杀伤性极强。如果管理者对自己有信心，可以通过自己的人格魅力或者公司的使命、愿景、价值观等影响他，让他成为态度好、能力强的骨干员工。

态度差、能力差的员工：这样的员工大概没有公司愿意要吧。如果不幸自己的团队有这样的员工，在尝试着改变却无果之后，趁早劝退对双方都好。

当然了，这只是一种简单的分类，如果你愿意的话，可以把态度一般、能力一般加上去，就会得到一个九宫格的分类方式，自己可以尝试着看看面对九宫格中九种不同类型的员工可以用怎样的管理方法。

一个员工属于哪种类型并不固定，如果引导得当，一个态度差、能力强的员工可以成为态度好、能力好的员工；如果培训有效，一个态度好、能力差的员工可以成为态度好、能力好的员工。这或许就是管理的魅力所在。

曾国藩说："办事不外用人，用人必先知人。"做到知人很难，即便有阅历和方法的支撑，也只能提高知人的准确度，而无法完全看清一个人。

在这样的前提之下，我们能做的就是，通过增加阅历、学习方法来提高知人的准确度，从而提高人岗匹配度，往"知人善用"的境界靠拢。

如何帮助员工成长

对于管理者而言，帮助员工成长是一件不那么容易的事情。

为什么呢?

我们先来看看管理者对待帮助员工成长这件事的几种态度。笔者依旧通过一个二维四象限来展示，横轴的左右两侧分别为：没有意识要帮助员工成长，有意识要帮助员工成长；纵轴的上下两侧分别为：有意愿帮助员工成长，没有意愿帮助员工成长。这样，我们就得到了下述几种类型：

（1）没有意识要帮助员工成长，也没有意愿帮助员工成长；

（2）没有意识要帮助员工成长，有意愿帮助员工成长；

（3）有意识要帮助员工成长，但没有意愿帮助员工成长；

（4）有意识要帮助员工成长，也有意愿帮助员工成长。

把这四种情况列出来，笔者相信你心中大概已经明白了为什么帮助员工成长是一件不那么容易的事了，没错，要做好这件事关键在于心而不是能力。而改变一个人的心意、理念、态度大家都知道是一件堪比登天的难事。

我们根据上述四种类型来进行分析。

（1）意识构成了人的主观世界，有句话是这么说的："人与人之间的差异其实是巨大的，虽然大家都生活在同一个物理世界，但所看到的却是一个完全不同的世界。"比如说，对于一个终生都没有接触过"色达"这个词的人来说，即便这是一个非常美丽的真实存在的地方，他也不会知道。同理，有些管理者是没有这个意识要去帮助员工成长的，所以，在日常的管理当中，他压根就不会往这方面考虑，更不用谈意愿的问题。

针对这种情况，要先解决意识问题，再解决意愿问题。要有人告诉这样的管理者：帮助员工成长是一件非常重要的事情。一方面，员工成长了，员工个人的绩效才会完成得更好，同时团队的绩效也能完成得更好，而完成团队绩效是管理者最重要的工作。另一方面，当员工成长到可以接替自己的位置时，自己才能抽身去做更重要的事情，往更高的职位发展。当然并不是所有情况都是这样的，确实会存在员工发展太好，管理者能力不足时，会被替代。所以，第二方面的理由也不是绝对适合于每个公司的，要根据实际情况进行分析。

以此来帮助管理者建立帮助员工成长的意识。

（2）管理者了解了帮助员工成长的好处后，在日常管理中就会有意识地去考虑员工成长的问题。有些管理者愿意帮助员工成长，那么他就会通过向高手请教、自己看书以及报班等方式去学习一些帮助员工成长的方法。而有些管理者在了解了帮助员工的好处后，不仅没有意愿去帮助员工成长，反而还会抑制、阻碍员工成长，这与管理者的自身素养和公司的文化氛围息息相关。

要解决意愿的问题，就要看这个管理者没有意愿的动机是什么，是管理者自身的素养问题，比如，有些人就是不愿意看到别人超过自己，不愿意看到别人变得优秀；还是公司的文化问题，比如，有些公司压根就不会鼓励员工成长，整体都处于一种很懒散的状态，管理者自然也没有动力去做这种费力不讨好的事。只有了解了没有意愿背后的动机，我们才能根据实际情况给出具体的解决方案。

（3）对于有意识也有意愿帮助员工成长的管理者来说，似乎就没什么难的了，只需要解决问题的方法就可以了。但，事实真的这么简单吗?

管理者帮助员工成长，这句话里可不仅仅只有管理者，还有员工。也就是说，光是管理者一厢情愿有意识想帮助员工成长，员工自己却没有成长的意愿，不领情，那也是很难办的。

与管理者对待帮助员工成长这件事的态度一样，员工对待自己的成长的态度也可以分为四类：

①没有意识到成长，也没有意愿要成长。

②没有意识到成长，有意愿要成长。

③意识到成长，却没有意愿要成长。

④意识到成长，也有意愿要成长。

如果在一个人的一生中都没有人给他灌输或者提出过成长的概念，他是意识不到成长的。当然，这种情况比较少，在现代的职场环境中几乎不太可能。所以，我们重点聊一聊后两种情况。

一个人在工作中没有意愿要成长有很多原因，比如，已经很满足现状，觉得现在这样就很好；比如，看不到希望，知道最后会是什么结果，所以即便成长也无法改变什么，干脆就不成长等。

每个人都有自己的价值观，观念没有对错之分。如果有员工已经很满足现状了，比较简单的办法就是评估一下他的工作能力，如果他的能力完全能够胜任当下的工作，也不必强求他成长，这样的员工通常稳定性还挺高的，只要他能保质保量完成绩效任务，不必操什么心。

如果有管理者想要尝试让这样满足现状的员工燃起斗志也不是不可以，那需要很丰富的经验以及对人性的洞察。笔者认为可以浅尝，如果对方不愿意而且比较反感，就不要再持续了，毕竟没有人愿意被别人改变，除非他自己主动尝试改变。

这样看不到希望从另外一个角度看是一件很可怕的事情，希望是我们前进的动力。如果团队中有员工有这样“看不到希望”的倾向，需要及时开导，指点迷津。

很多时候，管理者自身也会遇到“看不到希望”这样的问题，有些问题是组织本身存在的问题，组织内的任何人都无法改变。

但是，换个角度说，恰恰是成长，可以打破绝望，重燃希望。

如果没有成长，只是原地踏步，那么，未来可能确实只有那一条一眼望到头的路。但如果选择成长，说不定在这个过程中会生出第二条、第三条甚至第 N 条路，那是一条通过自己成长创造出来的路，那是绝望中的希望。

之前有个体制内的朋友，过的就是那种一眼能望到头的生活，但他在体制内工作的时候依然不放弃成长，对新事物很感兴趣，在微信公众号出来的时候，就开始写文章，运营了五年之后，粉丝量大增，后来直接辞职转行做新媒体，而且干得风生水起。

笔者相信这样的例子在现实生活中并不少见。

所以，当员工没有希望的时候，管理者要给员工希望。升职、加薪都是一种希望，如果受限于公司，无法提供或者很难提供升职、加薪，成长也是一种希望。

成长这东西，短期内很难看到效果，但是，进一寸有进一寸的欢喜，而且，长期下来，厚积薄发，一定会有质的变化。

没有意识就解决意识的问题，没有意愿就解决意愿的问题，但如果管理者有意识有意愿帮助员工成长，员工有意识有意愿去成长，这就成了吗？

事情并没有那么简单。

笔者认为，想要将帮助员工成长这件事落地执行，有四个因素至关重要，分别是：意识、意愿、方法和土壤。意识和意愿是先决条件，如果没有意识和意愿，即便有再好的方法和土壤也没用，这两个因素我们刚才重点讨论过。

方法是为了高效地执行，而土壤是为了持续地执行。下面的篇幅我们重点聊一聊方法和土壤。

成长来源于知识与实践，知识来源于他人讲授和自己自学，实践来源于自己感悟和他人的经验传承。

与工作有关的知识包括哪些呢？

行业知识（公司所在行业以及上下游等相关行业），公司知识（包括公司的发展与历史、公司的荣誉与地位等），产品知识（包括公司的产品以及上下游产品等相关产品），岗位的业务知识，职场通用知识（职业素养、商务礼仪等）。

这些知识怎么去学习呢？

工作中的学习有两个重点：一个是对知识本身的掌握，一个是对知识的运用。

行业知识的学习一般都是由公司组织培训，但公司组织的培训往往都只是入门级别，入门级别的行业知识培训对一些不与市场和客户打交道的岗位比如技术开发、行政来讲是足够的。

但是，对类似市场、销售、产品、运营等岗位的员工来说，入门级别是不够的，他们必须得洞悉行业，不仅要熟悉自身所在的行业规则，也要熟悉上下游等相关行业的规则。因为知己知彼才能百战不殆，了解上、下游规则才能在与供应商、客户的谈判中找到更多对我方有利的筹码。

所以，对行业知识要求比较高的部门的管理者可以尝试如下的做法。

（1）定时召开与行业有关的信息分享会。每个人在实际工作中，所了解到的行业规则可能不同，定时开会有助于整个团队的信息扩散。

（2）鼓励员工主动了解行业资讯和动态，有意识地在平时收集这样的信息。一般收集这些信息就是在一些专业的网站、同行网站、上下游网站、各类行业群以及与上下游的沟通中。加强与上下游的沟通非常重要，因为很多时候，行业的信息是行业内周知却不会公之于众的行业秘密。

（3）内部培训行业知识的时候，重点培训如何运用。比如，在与客户沟通的时候如何插入行业话题，让我们显得更专业；在与上游供应商谈判的时候，如何根据上游的行业规则知道他们关注的利益点，从而促进谈判往双赢的方向发展等。

知识本身是死的，知识只是工具，能够灵活运用才能发挥它应有的价值。

公司知识只由公司组织培训，大多数情况下介绍的都是公司的发展历史、公司的荣誉与市场规模、公司的福利待遇、公司的企业文化、公司的主营产品等，这些大多都是让员工了解公司，对公司建立一个大致印象的。看上去好像公司知识在实际工作中并没有多重要，但笔者曾经遇到过两个销售人员，他们两个人向我们一群人介绍他们公司的时候完全是不一样的。那个介绍得比较流利比较好的销售显然让我们对他的公司有更好的印象。这让笔者感触很深，当一位员工对外介绍公司时充满自信且表述非常流利，会有一种影响力，让听的人相信这个人讲述的公司是值得信赖的。就会产生诸如："瞧，他们的员工多自豪，他们公司应该是个很不错的公司吧。"这样的想法。

所以，如果你所管理的部门会接触到上下游或者政府相关部门等，对公司知识一定要牢记于心，而且，要学会介绍公司，这是外人了解公司的一个窗口，非常重要。

产品知识只由公司组织培训，不同部门的员工对产品的熟悉程度有不同的要求。

对于不接触市场与客户的岗位，通过公司组织的培训知道公司出售的是什么产品或者服务，知道公司产品或服务的优势，知道公司的客户是谁基本就可以了。

对于与产品息息相关的部门，除了了解一些基本信息之外，还需要对产品知识有进一步的挖掘。拿销售岗位来说，熟悉产品是基本功，就如同要练就十八般武艺都需要扎稳马步一样。如果一个销售连自己公司的产品都不熟悉，那他卖什么呢？

所以，作为与产品息息相关的部门的管理者，一方面可以与公司沟通，请公司多提供一些更专项更细致的产品培训，提高部门成员的产品知识水平；另一方面，把每次新了解到的产品知识做好记录，定期与团队成员分享。

很多时候，一些不常见但很重要的知识都是在沟通的过程或者解决问题的过程中发现的，管理者要比员工更敏锐地察觉到日常工作中散落在各处的产品知识并做好汇总，这是宝贵的经验。

岗位的业务知识包括两部分：一部分是通用的，一部分是公司专有的，但不是所有岗位的业务知识都包含了这两种。一些只有某些行业或者某公司才设置的岗位通常是没有通用知识的，这类知识市面上也没有书和课程教授，这类岗位的业务知识只能通过公司的内部培训、传帮带等方式进行学习。

大部分的岗位比如行政、人力资源、产品经理、销售、运营、技术开发、售后、管理岗等都有通用知识和公司专有的知识。其中通用知识绝大多数都可以在市面上找到各类教程进行学习，很多公司也会在公司内部组织各类的培训进行教授。而这些岗位所需要的公司的专有知识同样也只能通过公司的内部培训、传帮带等方式进行学习。

对于通用类业务知识，管理者可以通过自己培训的方式去教员工，把自己的经验和对知识的理解告诉员工，既可以提升自己，也可以提升员工。管理者也可以通过寻找一些免费的或者付费的课程分享给员工，或者与员工一起学习，共同成长。

对于专有的业务知识，就只能由管理者或者部门比较有经验的老员工担任培训教学任务，这项工作是无法借助外部师资力量来完成的。

此处介绍一个十六字口诀，此口诀十分适合用在传帮带、老带新这种传递经验的教学工作上。这十六字口诀是："我说你听，你说我听，我做你看，你做我看。"

我们逐个拆解。

"我说你听"是第一步，属于口头教学。这一步很关键，要交代清楚"是什么、为什么和怎么做。"也就是说，要让对方明白，咱们接下来要学习的是什么事情（是什么），为什么要做这件事，这件事情的重要性在哪里（为什么），然后拆解任务、建立流程、强调重点（怎么做）。

这一步看着很简单，但是实际上涉及具体工作的时候，要交代清楚每一点还是很不容易的。可以结合笔者在个人篇中所提到的操作手册。团队管理者可以与团队的每个岗位成员一起制作操作手册，在老带新的时候，结合操作手册进行讲解效果会很好。操作手册中记录的一些平时注意不到的要点、易错点、注意事项等都能派上大用场。

“你说我听”是第二步。笔者认为，这一步的作用是为了检验对方接收信息的完整度以及对第一步所讲述内容的理解程度。

在这一步如果发现对方接收的信息有不正确或者遗漏的地方，可以及时纠正，加深记忆。这个环节是一定不能少的，如果被教的人在这个环节说不清楚他学了什么东西，说明他并没有完全理解。那么，他实操的时候就极大可能会做错。

“我做你看”是第三步，也就是教的人要亲身示范。需要注意，在这个环节中，最重要的是让被教的人看得清楚、学得到。所以，应该严格遵守流程来，而不是图方便，怎么快怎么来。

对于老员工来说，规则了然于心，在操作的过程中可以灵活应变。但是，新人不知道一些潜在的规则，所以，一旦教的时候有遗漏步骤，又没有告知对方是什么原因，那么对方在后续实操中，会按照遗漏的步骤走，大概率会出错。因为对方只看到了表面的动作，而不知道你的动作是因为某种原因有遗漏，他会以为原本的流程就是这样的。

“你做我看”是第四步，需要对方去做，教的人在一旁观察。在这个过程中，很容易出现这样的现象：对方做错了，教的人会忍不住立即打断（毕竟刚接触新事物，基本都要错上一两回）。遇到对方做错的情况下，一定要控制住自己，忍住要打断对方的冲动，记录下对方的问题，把整个环节做完后再一起反馈。

如前文所讲，做错了的东西，做失败了的东西，印象才会深刻。

另外就是要控制自己不要心太软（笔者认为这种心太软是一种不负责的表现），流程中有七个步骤，对方在实际操作的时候遗漏了一个，遗漏的那个恰好对结果没有造成什么影响，就放过去了。要知道，对于一个新人来说，最开始接触的东西是印象深刻的，如果这个地方放过去了，后面这里是非常容易出错的，因为，他最开始的操作就是错的。

碰到这样的情况，一定要在事后指出来，然后让对方用七个步骤重新做一遍，一个步骤都不可以少。在学习一个新东西的时候，不要一味图快。我们最终要的结果是在准确的基础上的高效，是既正确又快，而不是又快又错。所以，最开始可以放慢速度，但要保证准确度。所谓熟能生巧，一开始虽然慢了点，但是熟悉了之后自然就会快了。

如果一开始一味图快，发现错了，又得重来，重新学习，这样的效率往往会更慢，最糟糕的是，一旦养成了错误的习惯，后面是很难改过来的，会经常性犯错。

以上就是对十六字口诀的拆解，希望对你有帮助。

下面我们聊一聊职场通用知识，如果不记得职场通用知识有哪些的话，可以往前翻一翻。

并不是所有公司都会提供职场通用知识培训的，这类知识通常需要员工自己去学习，包括但不限于阅读、看视频课程、听音频课程等方式。市面上关于这类的培训也有很多，大家可以在网上搜一搜，有一些老师讲得非常好。

关于职场通用知识，笔者不建议管理者自己去组织培训，一方面培训需要耗费大量的时间和精力；另一方面，自己讲解大概率是没有专业讲师讲得好的。如果管理者一定要自己参与一些培训，笔者更建议管理者参与到业务知识的培训中，这是管理者的优势所在。

所谓“实践出真知”，虽然刚才我们讲了很多学习知识的方法，但是，进入工作后绝大多数人的成长都来源于日常实践。

前文已经介绍实践有两个来源，一是自己实践后的感悟，二是其他人实践后的经验传承。

我们先来看看第一种。我们团队有个规定，每人必须要把自己今天的收获发一条信息到微信群里。

有一天，有一位小伙伴在处理文件时突然停电，她的文件没保存，十分钟后来电，她要从头开始处理，原本只需要三分钟就可以结束的事，她硬生生又花了三十分钟。她为此懊恼不已。因此，那一天她的“今日收获”写的是：要养成随手保存文件的习惯，以免出现异常情况影响工作效率。

过了差不多一个星期，另外一个小伙伴在处理文件的时候，电脑出了故障，她懊恼不已，同样的经历在另一个人身上重现，于是，这位小伙伴当天的“今日收获”写的是相似的内容。

相信大家或多或少有过类似的经历：一件事别人再怎么提醒，再怎么叮嘱，事情没有发生在自己身上，没有对自己产生不利的影响，就是记不住。

那一般什么样的事情自己会印象深刻呢？笔者做了如下总结。

（1）自己做错的事情，对自己或者其他人造成了不利的影响。

（2）比较难的事情，自己在做的时候耗费了很多精力。

（3）比较花费时间的事情，自己在做的时候迷迷糊糊没有章法。

（4）各种原因导致自己利益受损的事情。

（5）自己开创了新的方法，取得小成功的事情。

只有印象深刻的事情是无法成长的，真正让人成长的是事情发生后的总结、反思、感悟。作为管理者，可以怎么做呢？笔者提供几个方法，希望能帮到你。

（1）建立部门规则，写今日收获。日常工作很忙碌的情况，大多数人是没有时间停下来去思考今天有什么收获的。所以，可以建立部门规则，强制执行，当员工从这个规则中受益了，后面就会主动写，从而养成习惯。这个收获可以不用写那么多，一条即可。

（2）建立复盘机制，小事立即复盘，无法做到立即复盘也要在当天复盘。大事阶段性复盘，事情结束后，要进行一个总结。复盘得出来的经验可以放在部门的经验池里，作为后续修改流程、规则的参考以及业务知识培训的素材。有些知识真的是只能在实际操作中才能学得到的。

接下来，我们看看第二种实践所带来的成长——从他人的实践中成长。笔者也总结了这么几种情况。

（1）学习他人的优点。这一点笔者感触很深，有一次和一位兄弟公司的同事一起工作，她开会的时候用的本子是用 A4 纸钉成的，这些纸都是用了一次的废纸。笔者当时看的时候就想，这个方法很妙啊。一方面把废纸利用起来，用完后再用碎纸机碎掉，节省成本。另一方面，A4 纸比较大，又没有各种线条，给了自己很大的空间去记笔记，可以画各种图，很方便。于是，在那之后，笔者也把作废的 A4 纸钉起来作为本子使用，效果很好。

（2）从他人的错误中吸取经验教训。如果我们的成长只来源于自己在犯错中所得到的经验，那么，我们即便天天犯错也学不到那么多的经验。我们完全可以通过反思别人的错误来帮助自己成长。比如，你的同事在给领导提供数据的时候，因为没有做复核的工作，犯了一个很低级的错误，被扣了不少绩效。你听闻此事，心中一阵后怕，因为你也没有做复核的习惯，但是，同事的绩效被扣了之后，你也长了记性，后续做数据工作的时候再也不敢不复核了。

（3）从某种角度来说，我们通过阅读书籍、订阅课程学习、接受公司内外部的培训等方式获取的知识也是他人的实践经验，站在前人的肩膀上，我们能学到更多。笔者很喜欢刘润老师经常说的一句话："你的顿悟可能只是别人的基本功。"能通过学习知识获取经验的，就不要花那个时间自己去顿悟。

既然这三种方式都能让我们从其他人的实践中获得成长，那管理者可以怎么做呢?

（1）善于发现团队成员的优点，并鼓励团队成员将这个优点在团队内部进行分享，如有必要，可以把做得好的方面加入到业务规则当中，成为每个人必须要遵守的工作制度。

（2）将“今日收获”短信息发到团队的内部群，每个人的收获都来自当天印象最深的事情，大多数都是让自己不舒服或者做错的事情，可以通过看其他人的“今日收获”学到更多。

（3）鼓励员工通过各种方式自学，并将学到的知识进行分享。

写到这里，笔者已经把“如何帮助员工成长”的四个关键因素的三个写完了，再回顾一下，这三个因素分别是：意识、意愿、方法。

前文我们提到，在有意识、有意愿的前提下，方法能让我们高效地成长。我相信，有过减肥经历的人都知道很多减肥的方法，然后也去尝试了，但很多时候并没有减肥成功。为什么呢？因为没有坚持。

成长也一样，如果没有土壤，员工是很难坚持去做这些有利于成长的事情的。方法让我们高效成长，土壤让我们持续成长。

作为管理者，怎么解决土壤的问题呢？笔者分享几个心得，不见得是很好的方法，但也希望能够对你有所帮助。

（1）管理者要以身作则。如果管理者自己都坚持不了成长，他是很难影响到员工按照他要求的规则去走的。自己制定的一些规则，自己要带头做到。

（2）不要在最开始就把自己所知道的方法全部用上，员工需要一个时间去适应。从最简单的事情开始，要求每个工作日都必须做，帮助团队成员养成习惯，再根据实际情况一点一点往上加项目。

（3）当整个氛围起来了，大家就会自觉得去看书、去学习一些课程提升自己，所有的事情就会从“我要求你”做变成“你自己要做了”。

以上就是笔者关于如何帮助员工成长的一些心得体会，希望可以帮到你。

在本篇的最后，笔者想谈一谈快速融入这件事。个人篇中我们提到作为个人，刚入职一家新公司，需要积极主动地融入新环境中，也讲了很多融入的方法。

那么，作为管理者，团队中的新人能够积极主动地融入新环境当然是件很值得开心的事，毕竟不用自己操什么心。可是，并不是所有人在最开始都能做到热情主动，总有一些员工是慢热的，这时候就需要管理者主动帮助新员工做好融入的工作。

笔者在这里也提供一些方法作为参考，希望对你有帮助。

（1）新员工入职当天，管理者提前到公司，在新员工办理入职手续之前，把入职礼物送给他。

（2）办理完入职手续后，找新员工谈话，谈话的目的主要是告诉新员工公司情况、组织架构、部门的人员、每个人的性格以及如何与这些同事相处。

（3）中午可以一起点外卖或者直接带新员工去外面吃饭，吃饭的时候聊聊天，了解一下新员工的家庭情况、个人喜好等。

（4）在前一个星期，多关注，多指导。

（5）前半个月非正式谈话三次左右。

（6）聚餐、做小游戏等会加深新员工与团队其他成员之间的印象。

本篇涉及的内容较多，通篇阅读下来可能记不住那么多，笔者建议如果你对如何帮助员工成长比较感兴趣，可以多读几遍。在后续遇到了这样的实际问题，可以再把书拿出来翻一翻。

与下级谈话的技术

与下级谈话是管理者的常规工作，它几乎贯穿了整个管理流程，包括但不限于：新员工入职后的关怀性谈话，布置任务时的谈话，下级工作上遇到困难时指导性谈话，下级工作完成时的反馈性谈话，了解员工心理状态的关怀型谈话，调解纠纷与矛盾的谈话，年终评估前的总结性谈话，最后是员工离职时的离职面谈。

本篇选择其中的三种与你共同探讨，其他类型的谈话会在相应的篇幅中有所体现。本篇选择的三种分别是：下级工作上遇到困难时的指导性谈话，下级工作完成时的反馈性谈话，以及了解员工心理状态的关怀型谈话，我们逐一探讨。

一、下级工作上遇到困难时的指导性谈话

作为管理者，当你的下级在工作中遇到了困难，向你求助，你会怎么做呢？

是大声训斥："这么简单的事情都不会做。"还是深深叹一口气，说："我自己来做吧。"还是手把手教他呢？

笔者相信，绝大多数人是不可能选第一种的。无论什么时候，管理者都不应该对自己的下级做人身攻击。

有些管理者会选择第二种，在下级不会做的情况下，自己去做，这样事情是做完了，但是员工没有成长。

第三种方法相对前两种要好一些，事情可以做完，下级也能成长，但是，成长的效果会弱一些。因为方法不是他自己想出来的，而是直接教给他的。

这里，笔者介绍一个比较好的方法——提问法。

汤君健在他的专栏《怎样成为带团队的高手》中给出了一个模型，这个模型包含五个句式，分别是：

（1）发生了什么事；

（2）你怎么看；

（3）你都试了哪些方法；

（4）你需要哪些帮助；

（5）还有吗？

一般来说，当下级遇到困难找管理者的时候，心情是比较忐忑或者焦急的，那么，他们在向管理者描述问题的时候都会比较粗糙，甚至可能会遗漏重要内容。

所以，第一个问题，要问“发生了什么事？”或者说“你把事情的来龙去脉讲一下。”让下级先静下心来，把事情的起因、经过、结果以及过程中的一些细节讲清楚。

管理者在这个环节要注意判断信息的真实性和准确性，引导下级客观地讲述事实。不要夸大困难也不要含糊其词，能有数据支撑的全部使用数据。

有时候，下级把事情给管理者讲清楚的时候，他自己就有了方法，这是比较好的情况。说明在最开始，他自己的思路是没有理清的，但是，在讲述的过程中他理清了思路，自然就有了方法。

如果他讲清楚后依然没有答案，管理者就追问一句："你怎么看？"这一问主要还是引导下级去独立思考问题，同时，让他感觉到自己的想法是被重视的。这里要停顿一分钟的样子，让下级安静地想一想。

如果他能想到好的解决方法，那么就让他使用自己的方法；如果他选的方法不太好，那么，管理者就要针对这个方法进行沟通了。

如果，他都提不出任何的方法，就可以继续问一句："你都试了哪些方法呢？"

不是所有人都是积极主动，勇于直面挑战的，笔者就遇到过一些人，但凡接触新东西，就抵触、回避，说自己没有办法，做不到。

问这个问题，是要让下级了解到，他有责任去做这个事情，责任不全部在管理者身上，另外，如果下级已经尝试了一些方法，管理者也可以获得更多信息。

当管理者知道了事情的来龙去脉，清楚了下级的想法，了解了他为此做的尝试，接下来，就可以问："为了完成你的工作，你需要怎样的支持和资源上的帮助呢？"

要做成事情是需要资源的，包括：信息资源、人脉资源等。管理者和下级所处的岗位不同，拥有的资源是不一样的，尤其是公司内部的信息资源。

有的时候，下级很难解决的一个问题，管理者一个电话就能搞定。

最后，可以问"还有吗？"有时候加上这一句，可以激发下级更多的灵感和想法。有时候，下级有一些想说却又犹豫的话，也会在这个问题后说出来。

这五个问题从头到尾都是管理者主动去提问，当然，在谈话的时候不是直接把五个问题这样抛出去，要根据对方的回答灵活应对。通过提出一系列的问题，引发下级的思考分析，从而自己找到解决问题的答案。这样，不仅问题可以得到解决，下级也能从中得到成长的经验。

二、下级工作完成时的反馈性谈话

下级工作完成后，管理者要给予及时的反馈。反馈分为两种：一种是下级工作做得好时予以表扬；一种是下级工作做得不够好时的批评指正。

在畅销书《一分钟经理人》中，对这两种反馈性谈话有详细的介绍。

书中提到了一分钟称赞和一分钟更正。

所谓一分钟称赞，就是将称赞分为三个步骤，这三个步骤在一分钟之内完成。前半分钟，用具体的事实进行称赞，具体是哪里做得比较好，这样的做法给团队其他人带来怎样正向的影响等。这样具体的称赞比空泛的称赞更有诚意，更能让人接受。第二步，沉默几秒钟，不要说话。让下级好好消化一下被表扬后的喜悦以及做得好的地方。第三步，趁热打铁，给下级建立以后可以做得更好的信心，希望他下次可以做得更好。

不得不说，这样的表扬方法很有效。既让下级觉得身心愉悦，又帮助他建立信心，还能让他在今后的工作中做得更好。表扬大家都会，即便表扬的方式没有那么高明，达不到那么大的效果，也终归能让人心情愉悦，毕竟谁都喜欢被表扬。

但是，批评就不一样了，批评的方式不对，可能会带来很大的负面影响。

有些管理者刚上任，不好意思去批评下级，总是特别委婉地指出问题。有些时候，委婉的话下级也不一定能听得出来，这样下级就无法得到及时的反馈，也就无法及时改进。

有些管理者不喜欢及时反馈，而是把几个月的问题都集中在一起反馈，这样也不太好，会让下级产生一种连续几个月的工作都做不好的感觉，心情会十分糟糕。而且，时间太久了，下级不一定记得，有可能会对管理者产生不满或误会。

有些管理者不擅长批评，在批评下级的时候，会拿另外一个人来做对比。笔者相信，几乎没有人喜欢这样的批评，这样的批评不仅不能让人信服，还有可能会让这个被批评的下级对另外一个人也产生不好的感觉。

做到一分钟更正，就不会有上述的问题。所谓一分钟更正，就是在下级工作没有做好的情况下的谈话。这个谈话不是传统意义上单纯的批评，一分钟更正的目的是为了让下级认识到自己的问题，然后去改进。

一分钟更正也分为三个步骤。前半分钟，要做到对事不对人，要明确指出下级犯的错误具体是什么，把沟通的内容集中在事情上，告诉他这件事给自己带来的感受以及对团队内其他人带来的负面影响。第二步，沉默几秒钟。这几秒钟是让他去理解和审视自己犯的错误，去消化第一步所说的内容。第三步，对人不对事。要告诉他，其实他的实际能力比表现出来的要强，即使犯了错误自己对他还是很有信心的，自己依然信任他，希望他可以改正，也希望他以后能够做得更好。

以上就是一分钟称赞和一分钟更正的内容，看上去很美好，实际做起来有一定的难度。当你要表扬和批评人的时候，可以先静一静，回想一下一分钟称赞和一分钟更正的内容，做好准备再把人叫到办公室，刻意练习几次，慢慢地也就做到了。

三、了解员工心理状态的关怀型谈话

这类谈话是非常重要且不可或缺的，作为管理者，想要关怀下级，首先得明白，下级需要怎样的关怀，这需要搜集信息，搜集信息要借助谈话。

关于关怀型谈话，笔者有这么几点心得。

（1）建立伙伴档案，包括生日、家庭状况、最近的大事、目标、哪里人等。人少的时候，这些信息还可以记在脑中，人比较多的时候，就只能通过建立档案来记住每一位伙伴的情况。

（2）当人数少于 10 人，可以选择一个月做一次非正式的谈话；当人数超过 20 人，可以选择每两个月做一次非正式的谈话。对于核心团队成员，一个月要谈一次。

（3）做这类谈话时，给自己设立一个闹钟，不要无止境地谈，大概 45 分钟就足够了。

（4）在谈话时，要少说，多听，多从话语中提炼有效的信息。

（5）每次谈话完，要更新伙伴档案。

每一位团队伙伴的需求都不是一样的，倾听和搜集他们的需求、想法，才能做到对他们真正的关怀。这些方法真正做起来都不容易，都是挑战。

笔者相信，翻开这本书的你一定能完成这些挑战，成为一名善于与下级谈话的优秀的管理者。

如何开不同的会议

开会是管理者的日常工作，本篇我们来聊一聊开会这件事。

在个人篇中，我们曾提到过黄金圈法则（2W1H），接下来我们就用黄金圈法则来分析开会究竟要怎样开。

黄金圈法则说直白一点就是问三个问题然后回答这三个问题：是什么？为什么？怎么做？放到开会这件具体的事上就是："什么叫开会？""为什么要开会？""怎么开会？"

一、什么叫开会

看到这个问题，你可能会笑，这个问题还不简单吗？召集若干人议事不就是开会吗？确实，从形式上讲，开会就是两个及两个以上的人聚集在一个地方（可以是实际的地方也可以是网络）商议事情。

但是，从本质上讲，开会是什么呢？笔者见过的最好的解释来自刘润的专栏《5分钟商学院》，他这样解释："开会，本质上是一个商业模式，和一切商业活动一样，是一个有投入、有产出的经济学游戏。开会的投入，是所有与会者的时间成本；开会的产出，是一组结论，比如所有人的共识，或者与会者的共创。开会，是一个用时间换结论的商业模式。”

二、为什么要开会

我们今天就从这样一种特别的角度去看待开会这件事。既然开会本质上是一种有投入和产出的商业模式，那么，为什么要开会呢？作为一种理性的选择，肯定是因为开会的产出大于开会的投入才会去开会的，也就是最终输出的结论的价值要比投入的时间成本更高，才会选择开会。因此，我们可以得出开会的目的就是为了得到比时间成本更宝贵的结论或共识。这个结论或共识可以创造更大的价值，这个更大的价值可以帮助中、基层管理者完成绩效目标；可以帮助公司创始人让公司活下去而且活得更好；可以让大股东获得更多的收益。

三、怎么开会

确切地说，这个问题应该是“如何高效地开会？”如前文所言，作为理性人，肯定是因为开会的产出大于开会的投入才会选择开会。但很遗憾，人通常并非理性。正是如此，才会有那么无效的、低效的会议，也正是如此，市面上才会有那么多教人怎么开会的书。

笔者根据网上搜罗的信息以及自己的经验，也粗浅地谈一谈如何高效地开会。

既然开会是用投入的时间换输出的结论，那么我们要做到高效开会，就可以从两方面着手：减少时间投入和增加输出结论的价值。而开会无非有三个阶段，会前、会中和会后。因此，我们可以从会前、会中和会后这三个阶段的每个阶段分别怎样做才能减少会议时间，和从增加结论价值的角度出发去探讨如何提高开会的效率。

（一）会前准备

会议时间成本＝每人时间成本×参与人数×会议时间。

在这个公式中，可以通过会前准备来节约会议成本的有两个因素：参与人数和会议时间。那怎么做可以减少参与人数和会议时间呢？

（1）在会议开始前，需要明确会议需要的结果是什么，是为了达成共识还是为了得到解决方案。如果是为了达成共识，可以选择邮件、微信、QQ 等方式传达，能不开会就不开会。

（2）邀请人员开会时与会议主题无关的人员不必邀请。

（3）不可以提前太长时间进入会议室，可以将时间控制在提前三分钟进入会议室。

（4）不允许开会迟到，浪费其他与会者的时间。

（5）提前制定好会议纪律，限制发言时间。

（6）与会前，把会议中所涉及的文件先发给与会人员提前查阅，不得在会议上阅读材料。

那么如何增加结论价值呢？

实际上，在会议开始前所做的工作对增加结论价值的效果是有限的，增加结论价值最好的发力点是会议进行中，通过专业的方法来开会是可以在一定程度上增加输出的结论价值的。

但在会议准备阶段，也不是什么都不能做。可以在会议召开前做好会议设计。明确会议要得到的结果是什么、会议的性质是什么；怎样设计会议议程及发言顺序等可以达到预期的结果；需要请哪些人来开会可以达到预期的效果。会议设计对一场高效的会议来说是必不可少的。

(二) 会议进行中

我们在日常工作中经常参与到各种各样的会议当中，会议的类型不同，召开的方法也就不同。

根据会议预期达到的结果，我们把日常召开的会议分为：共识会和共创会。

共识会：顾名思义，就是指会议的结果是与会人员能够达成共识。比如员工大会、各种汇报进度的例会、销售的早会等。

共创会：就是会议的结果要共同创造价值。比如研讨会、头脑风暴、战略会、表决会等。

(一) 共识会

对于共识会，前文已经提到，如无必要，能不开就不开。比如，汇报进度的例会可以通过邮件或者钉钉、微信、QQ 等方式告知相关人员。比如，销售的早会如果只是同步当天的任务以及价格政策，完全可以在群里发消息，而不必所有人都在会议室一个一个报目标。

如果非要开不可，也可以通过提前设计好的会议议程，所有人根据会议议程提前准备好自己的发言，开会的时候根据议程和发言速战速决。

(二) 共创会之头脑风暴

有时候我们遇到一个问题，自己绞尽脑汁也想不出方法，就可以使用头脑风暴。

但是，头脑风暴绝不是简单地叫几个人在一起讨论问题这么简单，它有几个必须遵守的原则。

1. 自由思考

相信很多人有这样的经历：当大领导参与到会议当中时，自己很少会发言。为什么呢？因为权威会影响自由思考。头脑风暴需要很多的想法，很多的想法就需要每个人都能够自由思考，需要自由思考就不要有权威的影响，怎么办呢？去掉权威。哪些行为可以去掉权威呢？围着坐、不设置头衔、领导不参与等（可以指定一名主持人）。

2. 延迟评判

在进行头脑风暴的过程中，不要立即去评判一个想法好或者不好。头脑风暴需要的是很多的想法，一个想法可能看上去很荒诞离奇，但是，说不定这个想法可以引发另外一个人更好的想法。如果在某个人说出自己想法之后，立即去评判这个想法不好，那么这个人很可能在后面的环节就会闭嘴，也不会去提供更多的想法，所以，一定不要立即评判一个想法好还是不好。

3. 以量求质

头脑风暴需要很多的想法，然后通过想法去影响想法从而产生更多的想法。所以，数量一定要多，两个点之间只能连成一条线，三个点可以连成一个面，无数的点会形成网，通过想法与想法之间的互相连接，有时候会产生意想不到的反应。所以，在头脑风暴中，想法一定要多。

4. 结合改善

头脑风暴需要很多的想法，但是，头脑风暴的最终目的不是要很多的想法，而是可以通过头脑风暴的方式，将这些想法进行结合改善，从而产生一个可以解决问题的合适的方法。所以，在获得了众多想法之后，并不代表头脑风暴就结束了，还需要对这些想法进行改善，形成方案。

在以上几个原则的约束下进行的头脑风暴会更有效。

（三）共创会之研讨会

当我们遇到一个问题，这个问题需要多部门共同商议解决时，经常会遇到各部门代表在会议室争论不休，面红耳赤，最后，却没有一个结果的情况。

会议的各方之所以会争论，是因为在同一个时间段，每个人用不同的思维方式去沟通。《六顶思考帽》的作者爱德华·德博诺认为每个人都有六顶不同颜色、代表不同思维方式的帽子，分别是以下几种：

白帽：代表客观的信息。当人戴上白帽的时候，就需要充分搜集数据、信息和所有需要了解的真实客观的情况。

黄帽：代表积极。当人戴上黄帽的时候，就集中发现事件的价值、积极的影响。

红帽：代表感觉。当人戴上红帽的时候，就直接释放情绪和感情。

绿帽：代表创造。当人戴上绿帽的时候，要专注于想新的方法，找到新的突破口。

黑帽：代表困难。当人戴上黑帽的时候。要专注于思考这件事不利的方面、消极的影响、不足、缺陷等。

蓝帽：代表统筹。当人戴上蓝帽的时候，要充分动用自己的逻辑思考能力，分配好顺序，统筹大局。

六种完全不同的思维方式在同一时间出现在一个会议室内的不同人身上，可想而知会有多混乱与无序，与会的各方在不同频道争论不休，浪费时间。

那么，如果我们让所有人在同一个时间段，只戴上一顶思考帽，也就是同频，充分思考后，再换另一顶帽子，从争论式的“对抗性思维”到集思广益的“平行思维”，是不是效果会好很多呢？

比如，会议主持人戴上蓝帽，宣布会议流程。

接着主持人让所有与会人员戴上代表信息的白帽，这个时候所有人要做的就是把自己知道的信息表达出来，不管你对其他人拿出来的信息持怎样的观点，这个时候都不要说话，去搜集信息就好。

接着主持人让所有与会人员戴上代表积极的黄帽，这个时候，所有人要做的就是去想这件事情的积极的点，如果想不到可以不发言，这个环节只允许积极方面的发言，不允许其他的发言。

再接着主持人让所有与会人员戴上代表消极、困难的黑帽。这个时候，所有人要做的就是去思考这件事带来的消极的影响，想不到可以不发言。

再接着主持人让所有与会人员戴上代表创新的绿帽。这个时候，所有人要做的就是思考新的方法，有了信息，有了积极的影响，有了消极的影响，现在综合这些情况想一想有没有什么创新的方法。

最后，主持人戴上蓝帽，总结讨论的结果。

这就是一次使用“六顶思考帽”方式进行的会议流程，采用了“蓝—白—黄—黑—绿—蓝”的组合。整个流程完全没有无谓的争论，简捷有效。

从上述内容的描述中聪明的你肯定已经发现了，既然能有“蓝—白—黄—黑—绿—蓝”组合，是不是还可以有别的组合呢？非常正确，六顶思考帽的组合根据会议的目的，可以有不同的组合。

比如“蓝—白—绿”可以解决一些简单问题。搜集信息然后通过这些信息找到创新的方法。比如“白—黄”可以寻找机会。搜集信息然后通过这些信息去发现有利的点，找到一些被忽视的机会。

更多关于“六顶思考帽”的组合方式可以去翻一翻《六顶思考帽》这本书，作者的讲述十分精彩。

在会议类书籍中有一本书非常经典，叫作《罗伯特议事规则》。这本书出版于1876年，是美国国会在使用的开会规则。书里面的内容很详细，包罗万象，有人就将其精华总结为“十二原则六步法”。

十二原则是：动议中心、主持中立、机会均等、立场明确、发言完整、面对主持、限时限次、一时一件、遵守裁判、文明表达、充分辩论、多数裁决。

六步法是：动议、附议、陈述议题、辩论、表决、宣布结果。

由于这个“十二原则六步法”通常用在表决的会议中，对中小企业、基层管理者日常开会的作用没有那么突出，所以，笔者在此只做简单介绍，如对此感兴趣，可以阅读此书。

（四）会议进行中节约时间的方法

头脑风暴、六顶思考帽、罗伯特议事规则都是能够提高结论价值的专业的开会方法。那么，在会议进行中，怎么节约时间呢？

（1）严格遵守会议规则，一次只能一人发言。

（2）限制发言时间，禁止滔滔不绝。

（3）限制会议时间。

（4）如无重要事情，不允许中途离场（尤其是在要等人到齐后才能继续开会的情况）。

（5）主持人需要做好控场的工作，当会议偏离主题时，要及时拉回主题。

（三）会后跟进

我们经常看到这样的口号“会必议、议必决、决必行、行必果”“散会不追踪，开会一场空”。这些口号充分说明了会后跟进的重要性。

如何让会后跟进更有效果呢？两个步骤就可以了。

（1）做会议记录，会议记录不仅是记录会议中哪些人说了哪些话，更重要的是要记录，会后谁在什么时间点要完成什么事情。

（2）指定相应的监督人与执行人，建立奖惩制度。

有了这两个步骤就避免了会议中提出的有效策略却出现后续无人执行的情况，有了会后的这些跟进跟踪的行动，会前和会中的工作才有意义。

（四）会议清单

前文我们讲了如何做会前准备，如何通过专业的开会方法提高结论价值，如何做好会后跟进。笔者根据这些方法以及上述内容，整理了一张可以提高开会效率的简单易行的清单。

（1）开会前必须做好准备。明确会议目标，可以不开的会议尽量不要开。必须要开的会议在会前把所有资料都发给与会人员查阅。

（2）不邀请与会议无关的人参与会议。

（3）提前三分钟进场。

（4）限制会议时间，限制发言时间。

（5）提前制定规则：不允许迟到，不允许抢话，按照会议议程有序进行。

（6）开会必须要有记录。

（7）会议记录要记录好会议结果，明确事件、时间、责任人。

（8）开会+不落实=零；布置工作+不检查=零；抓住不落实的事+追究不落实的人=落实。

（9）遇到复杂的问题，用专业的开会方法开会可以事半功倍。

（10）务实性的会议需要高效，但是，在信息不明确、市场动荡比较大、局面比较混乱的情况下，需要开一些不必追求确切结果、纯粹讨论的务虚会。

最后，笔者依然想要强调：天下没有一招鲜的法子，也没有最好的法子。只有根据实际情况，匹配出的能解决当下问题的合适的法子。

这些开会的方法、清单不一定适合于每一个人，在使用的时候，一定要挑选着使用。

如何做出有效决策

做决策是管理者的日常工作，做出有效决策是管理者的共同追求。本篇笔者将与你共同探讨做出有效决策的秘密。

笔者结合前人的理论与亲身的实践，总结出有效决策的六步法，希望对你有所帮助。

第一步：判断当前发生的事情，是否一定需要当下就做出决策。

第二步：如果必须要当下就做出决策，把你预期的结果写下来。

第三步：搜集信息。

第四步：根据搜集的信息整理出选项。

第五步：综合评估每个选项的优缺点，能达到的最好的效果，产生的最坏的结果，好的结果和不好的结果发生的概率，最坏的结果自己能否承受。

第六步：从诸多选项中选择其中一项并执行。

我们逐个分析：

日常工作中，我们经常做决策，但是，我们做的大量的决策其实并不会影响到大局。真正会影响到大局的重大决策往往是比较少的。

所以，当问题出现时，不要急着立即做出应对决策，先问问自己：

“这件事，有必要当下就做出决策吗？”

有时候，不做决策，反而是当下最适合的决策。

如果必须要做出决策，那么，先把自己预期的结果写下来。这一步很重要，这是决策的方向。就像没有目标，就没有管理一样。没有预期的结果，也就没有做决策的必要。

比如，预期的结果是减少费用支出，增加促销活动的收入，挑选一位合适的经理人，增加市场份额等。

有了这样的预期结果，决策就不会偏离方向。

确定了决策的方向，接下来就需要搜集信息了。丰富的信息有助于减少决策的不确定性。

当信息比较完备的时候，我们可以做出完全理性的决策。比如，方案 A：投入 10 万，回报 15 万。方案 B：投入 10 万，回报 5 万。选哪种？当然选择 A。

但是，现实的生活中，我们做决策时，信息是不完备的，不仅信息不完备，外界的变量还很多，会影响到最终的结果。绝大多数情况下，我们都在做有限理性决策。

当我们不止一方在决策，我方和对方的决策相互影响时，比如定价策略，这时候的决策方法就变成博弈论了。

完全理性决策、有限理性决策和博弈论是三种主流的决策方法，本篇我们只讨论日常使用较多的有限理性决策。

做有限理性决策时，为了使得决策更有效，我们通常都会搜集更多的信息。

搜集信息可以通过咨询专家、找自己身边的朋友、上网查资料、找竞争对手等方法进行。在搜集信息的过程中，多注意以下几点：

（1）做类似重大战略决策时，可以多找一些专家，让这些专家分开提方案，然后将他们的方案归总，再匿名返回给各位专家，要求专家根据其他人的建议调整自己的方案。

（2）数据时代很多决策都依赖数据，所以，数据的准确性和全面性就显得尤其重要了。

（3）在需要多样化信息的时候，可以找不同背景、年龄段的人，扩大思路。

我们搜集信息的目的是为了增加选项。

如果只有一个选项，那就不叫决策，而是下决心。比如，在面对离职这个事情的时候，如果只有离职这一个选项，那就是下定决心要离职。

如果只有两个选项，那未免有些被动。比如，是离职还是不离职，选项少的时候，人会焦虑。

离职这件事难道就只有两个选项吗?

不一定。比如，还可以考虑留下来转岗。

这样就有了三个选项，选项多了，选择权就在自己手上了，自然不会焦虑也不容易做不合时宜的决策。

对于如何增加选项，笔者提供几个简单易行的方法。

（1）如果遇到这个事情的人是你的朋友，你会给他怎样的建议?我们往往当局者迷，旁观者清，倘若是给朋友提建议，我们可以更客观和理性。

（2）想一想，有没有双赢的方案。

（3）问问自己：已经完全没有别的方法了吗?不要小看这一问，有的时候正是这样多问一句，会让自己产生奇思妙想。

（4）回想做这个决策的目的，有时会有意想不到的灵感。

（5）咨询专家、朋友、上网查资料。这个方法不仅可以用来搜集信息，也可以用来找解决方案。互联网存在这么多年，你在日常工作中遇到的99%的问题，互联网上都有答案。

当我们有了足够多的方案后，我们就需要对每一个方案进行评估。既然是评估就需要有标准。不同的决策评估的标准是不一样的，不能一概而论，需根据实际情况来制订。

此处笔者给出几个常用的评估因素以便参考。

优点、缺点、好的影响、不好的影响、好的结果发生的概率、不好的结果发生的概率、最坏的结果自己是否能承受、时间、成本、可行性。

做决策的时候，可以把这些因素写在一张表里，然后一项一项去分析。越是重大的决策，越需要把这些信息书面化，因为写作的过程本就是一次梳理思路的过程，写的过程中，说不定能补充一些遗漏的要素。

当我们把每一个选项的评估因素都填好，就进入了选择的环节。在选择的环节，有一些注意事项笔者不得不提。

（1）参考大多数人的意见，做自己的决定。没有人比你自己更了解自己所处的境况，没有人比你自己更了解自己想要的是什么。所以，不要把选择权交给别人，做好自己的决定。

（2）我们日常工作中很少有决策的结果是不可逆转的，大多数的决策都可以在后续执行的过程中进行修订。所以，做决策时，不要有压力。只要方向性的决策不要做错就好，局部的决策错误是可以调整的。如果不幸方向性的决策错了，那么最好的办法就是停下来，止损。

（3）没有谁能一直都做正确的决策。时代在变，总有些东西是自己不懂的，总会遇到决策错误的时候，要做好决策错误的准备。此一时，彼一时，当下做的决策是根据当下的情况来做的，过一段时间，市场环境变了，再回顾当时的决策不一定是对的，这都是很正常的现象。

（4）尽量不要有先入为主的意识，从而确定一个选项，要公平对待每一个选项。因为当我们觉得某个选项就是最好的决策时，我们就会不由自主地找出各种理由说服自己这个决策是对的。这样做不利于做出有效的决策。

（5）尽量不要在情绪波动较大的时候做决策。这个时候做决策容易依赖直觉和情感，做出来的决策往往是感性的而非理性的，也不利于做出有效的决策。

（6）尽量不要在没有吃饱的时候做决策，没吃饱会导致低血糖，容易头晕，思路不清晰，这种情况下难以做出有效的决策。

（7）尽量不要在疲劳的时候做决策，人在疲劳的时候，难以集中注意力，这种情况下所做的决策往往效果不佳。

（8）当我们实在不确定决策是否有效时，也可以尝试小范围试行来降低不确定性。比如一项创造性的制度落地，可以先在一个部门实行，如果这个部门实行效果较好，就可以推广至整个公司。或者新产品发布，也可以先小范围试点，如果销量可以，就可以全面推广。

（9）尽可能地了解一些套路，避免被决策。有时候我们以为决策是我们自己做的，实际上我们却是被操控的。

（10）可以多学一点概率学的知识，了解概率，可以降低决策的不确定性，增加决策的有效性。

（11）不要选择自己无法承受后果的决策。押上全部身家不是一种勇敢，而是一种赌博。我们以为他人押上了全部身家，殊不知大佬们早已准备好退路。

（12）不要轻易相信记忆和经验。很多职场老手做决策的时候也爱用经验和记忆，但是记忆会骗人，经验有特定的应用场景，过于依赖经验和记忆容易凭直觉做决策。

著名的管理学家西蒙曾说："管理就是决策。"足见决策在管理中的重要性。决策是一项很难的技术活，想要做到高质量的有效决策需要在管理实践中不断修行。

跨部门沟通为什么这么难

跨部门沟通是绝大多数组织共同存在的老大难问题，这样的现象笔者相信你应该不会陌生。

（1）找其他部门同事帮忙做一件事，即便你催得再急，他做起来也慢吞吞，丝毫不理解你焦急的心情。

（2）老是有人觉得你部门的工作很轻松，或者你会觉得其他部门的工作很轻松。所以，当一件新任务需要分配部门来做的时候，理所当然觉得应由其他部门做，自己部门的工作量已经很饱和了。

（3）跟法务就一个合同条款争论了半个小时，法务希望从法律的角度说服你，你希望从业务的角度说服法务，结果谁都说服不了谁，僵在那里，等领导继续沟通。

（4）当两个部门合并为一个部门后，原来需要沟通很久的事情，突然就万事好商量，效率特高。

这些现象是不是感觉特别熟悉呢？

很多人认为跨部门沟通的难点在于沟通，需要解决的是沟通能力的问题。其实，通过上述的几种现象，我们就能发现事情并没有那么简单。“跨部门沟通”这五个字分为两个部分，一个是跨部门，一个是沟通。解决沟通能力的问题只是缓解了表面现象，本质上的问题并没有解决。那本质上有哪些原因导致了跨部门沟通这么难呢？作为管理者，我们又可以做些什么去降低跨部门沟通的难度呢？我们逐一分析。

一、跨部门的成员之间互相不熟悉，没有建立信任关系

如同我们上述提到的第一种现象。当这个提出帮忙的人发出自己的需求后，接收这个需求的人大概率会有这样想法：我跟你不熟，我也不了解你的工作，你很急，我也无法感同身受，我有我的事情，我的工作也很重要，我不可能为了帮你就把自己的工作放一边。

虽然最后对方还是会帮我们把事情给做了，但是，催的过程会让双方都不太舒服。

这种帮忙的事情通常都是一些不会影响到各自更深层利益的事情，最多就是要花费些时间。遇到这种类型的跨部门沟通怎么处理呢？

既然症结是互相之间不熟悉，没有建立信任感，那就熟悉起来，信任起来。笔者提供几个具体的做法供参考。

（1）从沟通角度：态度上要和和气气、客客气气，同时内容上要尽可能明确自己的需求以及请对方帮忙的这件事情的重要性、影响程度。适当说明影响程度可以给对方一种紧迫感和压力，会加快对方处理事情的速度。

（2）从行为角度：无论最终帮忙的结果如何，都要真诚致谢。平时可以组织一些跨部门的联谊聚餐加快工作上相关部门之间的融合与熟悉；偶尔请其他部门吃个简单的下午茶等。

（3）从组织角度：如果自己部门经常被其他部门请求帮忙做同一件事，不妨找到对方部门的负责人，商议好，将这件事列入自己部门的

工作职责中，把流程定好，这样以后直接走流程就好，效率会快很多。如果自己部门经常请对方部门做一件事，对方又迟迟没有来找自己谈这件事时，自己可以主动去找对方沟通看能不能把事情常规化、流程化。如果对方同意，这事就好处理。如果对方不同意并对此意见很大，那么可以告知对方自己会向上级申请将此事流程化，告知对方之后，再去找上级沟通。由于这样做可以提高工作效率，绝大多数情况下，上级都会同意的。

二、互相之间不了解部门内部的岗位工作、各部门思考问题的思维方式、立场不相同

本文开篇所讲的几种跨部门沟通难的现象背后的成因绝不只有一种，而是多种因素混合的结果。比如说第二种现象，一方面因为互相之间不了解部门内部的岗位工作，继而产生了一种错觉：对方的工作多简单、多轻松。正是基于这种想法，让部门之间推诿工作变得“有理有据”，没有心理负担。另一方面，新任务需要分配到具体的部门做，这就涉及部门内部岗位工作量的问题，触及了部门的“利益”。如果这当中有部门的管理者属于比较负责且不计较的那还好。如果两个人都属于计较的，而且不愿意多增加工作量的，那么，两个部门肯定就要开始就这个工作分配问题站在自己部门的角度给出各种各样的理由开始争吵了。

又比如第三种现象，这种现象非常普遍。比如运营和技术开发之间，比如销售和技术开发之间，比如所有部门和财务、所有部门和法务，经常会出现就一个问题争论很久的现象。

绝大多数情况双方都没有错，而且都非常敬业地做自己职责范围内

的事情。比如法务站在法律的角度看，认为该合同条款存在风险，不应当出现在合同中，需要进行修改或者删除。销售站在业务的角度看，这个条款并非不能接受，而且，如果条款不按照客户的要求放在合同里，这个订单就拿不下来，对公司也是一种损失。

比如运营提了一个需求，在运营看来逻辑很简单，只需要一天就可以开发完。但是，技术开发经过评估发现需要一个月，所以排期上就把运营的需求往后排了。运营就很难理解，明明是个很简单的事情，只需要添加一个功能即可，为什么就要一个月呢。技术开发也很郁闷，逻辑很简单没错，事情很容易理解，但是平台实现有困难啊，机器理解起来有难度啊，一个月已经算是快的了。于是，闹得很不愉快。

出现这种现象，就是因为每个部门思考问题的方式、角度是不同的，而互相之间又难以理解对方的思考方式，导致沟通很漫长，甚至要经过多人多次沟通。很多公司职位较高的管理者经常需要开各种部门协调会来协调各部门之间的工作配合情况，这样的沟通效率就很低了，而且时间成本很高。

又比如第四种现象，当两个部门是分开的时候，会存在各种沟通难的问题。但是，一旦合并成为一个部门，之前的难事似乎一下就变得简单了。

为什么呢？根本原因就是沟通从跨部门沟通变为了部门内部沟通。内部沟通没有本位主义、没有信任问题，也就不会有那些因为跨部门而存在的难题了。这其实也是一种解决跨部门沟通问题的方法。

除此之外，笔者针对上述现象整理了一些方法，仅供参考。

（1）从沟通角度：尽可能在沟通前做好充分的准备，找到双方的共同目标，有共同的目标，沟通起来就会轻松很多；当对方不理解的时候，尽可能用数据、摆事实、讲道理，说清楚为什么有难度，为什么不可以这样做，千万不要情绪失控，一方失控，双方基本都会失控，场面就失控了。

（2）从行为角度：不要只重视自己部门而轻视其他部门；不要在公司内部产生鄙视链；不要总是站在自己的角度考虑问题，要学会换位思考；不要只想着自己的利益；不要只想着推卸责任；当自己沟通有困难的时候可以求助于他人，必要时可以找双方领导出面沟通，有时候双方领导一通电话就可以解决沟通了半个月的难题。

（3）从组织角度：在有可能的情况下，将两个部门合并为一个部门，或者纳入到同一位管理者名下进行管理；在有可能的情况下，组织公司内部轮岗，互相了解对方的工作，让双方都明白，没有谁的工作是容易的。面对新任务分配给不同部门的情况，任务发起人可以根据任务性质在会前做好安排，会上直接公布结果以及这个结果的原因，不要让各方有机会就这个问题争论起来；公司在文化层面多进行一些宣导，鼓励互相帮助、互相尊重、互相信任、勇于担责的精神。当然了，对于基层管理者来说，组织角度需要做的这些事情并不是自己能主导完成的。但是，这些可以作为提议提给更上级的领导并推动领导来落实。

三、不擅长沟通

通常来说，不擅长沟通是导致跨部门沟通难的表面原因和直接原因。本质的问题没有解决，再好的沟通能力也只能起到治标不治本的作用，但是，话又说回来，不擅长沟通，连标都治不了。

在个人篇的第九章我们花了整整一章的篇幅谈论沟通，讲述的内容很多都适用于跨部门沟通。除此之外，笔者根据搜集的资料以及自己的经验总结了一些提高跨部门沟通能力的方法，希望对你有帮助。

（1）在沟通前，做好充足的准备，找到共同目标。

（2）意识到，沟通的目的不是为了比谁更能说，而是要通过沟通解决问题。

（3）在沟通中，即便觉得对方的想法很难理解，也不要露出鄙视和冷漠的表情，这样只会让后续的沟通更艰难。

（4）如果无法理解对方所讲的内容，可以请对方解释清楚。如果对方希望自己解释清楚，则耐心做好解释工作。

（5）意识到，沟通的双方是携手解决问题的队友，而不是互相较劲的对手。

（6）保持冷静，态度和气、谦逊。千万不要失控。

这些方法既是面对个人，也是面对管理者的。管理者在提高自己跨部门沟通能力的同时将自己的所学所得所悟交给自己的伙伴，从而提高整个团队的跨部门沟通水平。

老大难问题既然是老大难问题，就一定不是那么容易解决的。只要人性不变、只要立场不变，跨部门沟通的难度就一直存在。

所以，笔者在此提醒：作为基层管理者，千万不要妄想一下子就能把这个问题给解决了，也不要妄想一下子就能降低沟通难度，需慢慢来。先以身作则，主动做好跨部门沟通工作，再带领团队做好跨部门沟通工作，最后影响整个组织共同做好跨部门沟通工作。

如何让激励产生超预期的效果

激励是一项重要的管理手段，是管理者的重点工作。

提到激励，你想到的是什么呢？

是工资、奖金、分红、期权还是马斯洛需求理论、X—Y 理论、双因素理论、预期理论？

本篇我们就聊一聊激励这个话题，看看如何让激励产生超预期的效果。

我们说要做成一件事，首先得想做，然后得会做。想做是意愿的问题，会做是能力的问题。激励的意义就是解决意愿问题，通过激励让员工从“要我做”变成“我要做”。

什么情况下一个人会产生“我要做”的想法呢？

一种情况是：当做这件事能满足“我”的需求时，“我”会自愿去做这件事。激励就是通过找到员工需求、满足员工需求，从而提高员工的主动性。另一种情况是：当“我”不做这件事，“我”会有所损失时，“我”也会自愿去做这件事从而避免损失。考核就是通过员工“损失规避”的心理提高员工的主动性。

这一章我们讲激励，讲激励就离不开需求。说到需求，你肯定听过马斯洛需求理论。马斯洛将人的需求分为五个层次，从低到高分别是：生理需求、安全需求、社会需求、尊重需求、自我实现需求。

不同的人，即便做着相同的工作，内在需求也是不一样的。同一个人，在不同阶段，需求也是不一样的。因此，激励因人因时因地而不同，在不同的需求级别要使用不同的激励方式。

对于一个处于生理需求级别、活下去都有些困难的人来说，讲梦想、讲愿景、讲价值观都是虚的，给钱就是最好的激励。

对于一个处于安全需求级别、经常提心吊胆担心没了工作的人来说，公司的福利体系、稳定性就是最好的激励。

对于一个处于社会需求级别、希望得到爱和归属感的人来说，经常组织一些团建活动加深同事之间的交流就是比较好的激励。

对于一个处于尊重需求级别的人来说，给予其尊重就是最好的激励。

对于一个处于自我实现需求级别的人来说，重大的意义、自我实现的价值就是最好的激励。如果你跟他说钱，他可能觉得你在侮辱他。

由此可见，需求层次与激励方式的匹配多么重要，倘若用适合低层次需求的激励方式去激励高层次需求的人，可能会适得其反。倘若用适合高层次需求的激励方式去激励低层次需求的人，可能完全无效。

我们在做激励的时候，除了要让需求层次与激励方式相匹配，还需要知道哪些因素是有激励作用的，哪些因素是没有激励作用的。赫茨伯格的双因素理论就很好地回答了这个问题。

双因素理论也叫作“激励—保健理论”，赫茨伯格将企业中有关因素分为两种：一种是保健因素，一种是激励因素。

我们在详细了解这两个因素之前，笔者与你讲一个曾经听朋友吐槽的事情。

朋友公司一直以来都有端午福利，福利是礼盒装的粽子。这个粽子每年发了之后，他们公司基本都没有人会吃，有的甚至直接就把粽子放在座位底下，过了段时间就扔了。

他们公司的行政人员看到这样的现象后，就跟老板沟通端午节不发粽子了，相当于端午节福利就取消了。老板想着反正发了也没人吃，买了也是浪费，就同意了。

没想到，当公司公布这个消息的时候，迎来的是几乎全体员工的不满。

行政人员就想不明白了，为什么会这样呢？发了又不吃，不发又不满。

这是因为，端午福利是保健因素而非激励因素。什么是保健因素呢？就是大家认为这是自己“应得的”，对于自己“应得的”的东西，人们普遍会觉得“你给我，我不会感谢你，因为这是我应该得到的。但是，你不给我，我会不满，会找你麻烦，为什么你不把我应得的东西给我。我可以不要，但你不可以不给。”

那么，符合上述描述情况的因素有哪些呢？比如，办公环境、五险一金、生日会、各项节日福利、公平的待遇、同事关系、工作条件等。把这些因素套用到上述的描述中，就很好理解为什么这些因素是保健因素了。

什么是激励因素呢？就是大家认为“居然有这个，太好了。”对于激励因素，人们普遍会觉得“如果没有的话，也没有关系。但是，公司居然有这个，简直是意外的惊喜，真是太让人高兴了。”符合这样描述的因素有哪些呢？比如奖金、成就、赞赏、晋升、责任感、认同感、工作本身的意义、成长、未来发展等。你不妨想一想，这些因素是不是满足“没有也没关系，但是如果有，简直就太棒了。”这样的描述。

当我们可以区分保健因素和激励因素时，我们就可以多研究激励因素，多研究人性。除此之外，也要防止激励因素变成保健因素。比如，当你每次都赞赏时，由于适应性偏见，人们会习惯，一旦习惯了赞赏之后，赞赏的激励作用就消失了。所以，激励的方法要多样，要适当变化。

一般都有哪些具体的激励方法呢?

笔者比较认同的一种分类方法，就是将激励分为物质激励和精神激励。由于钱对绝大多数人的生活来说都是重中之重，所以，激励一定要将物质激励放在重要的位置上。以物质激励为基础，在此之上辅以精神激励。

物质激励往往与目标挂钩，目标本身也可以是一种激励，基于成就动机和自我实现的一种激励。适当的高目标会取得高业绩，这个适当的标准就是：目标是员工可以接受的，是员工通过努力可以达成的。

如果定一个员工如何努力都完成不了的目标，那么目标本身就失去了激励价值，反而还有副作用，员工会因为知道目标无论如何都完成不了而懈怠。

有目标就一定要有相应的激励措施，总不能只经历风雨却不给彩虹。

此处介绍两个与目标有关的工具：smart 原则和期望理论。

Smart 是五个英文单词的首字母缩写。

Specific：具体的。指我们设置目标一定要具体，不要设置一个含糊不清的目标。比如，提高工作效率，这不是一个好目标，因为它不够具体，怎样的工作才是有效率的工作呢？没有标准就不好评判和执行。如果把这个改为降低完成时间、提高准确度，那就比较具体了，执行的时候也有方向。

Measurable：可衡量的。目标要可衡量，无法衡量就无法判断到底完成得怎样。比如，把降低完成时间改成30分钟内完成；提高准确度改成98%的准确率。这样就有了评判的标准。

Attainable：可实现的。如上文所讲，目标一定是可以通过努力完成的。无论怎么努力都完成不了的目标不是一个好目标。

Relevant：相关的。就是在设置目标的时候，把与想要达成目的的无关项目去掉。比如我们的目的是为了提高装货的工作效率，那么，员工关系就不是与之相关的目标了。

Time-Based：有时间限制的。目标的完成一定是有时间限制的。日常工作中，很多管理者在布置任务目标的时候是不加时间的，最终就导致那个任务因为拖延而不了了之，过了大半年，然后又重新提。所以，目标的设定一定要有完成时间。

这就是smart原则，一个用于目标管理的非常实用的工具。

期望理论是一个公式：激励水平=期望值×效价，由维克托·费鲁姆提出。

期望值是根据个人的经验判断达到目标的把握程度，可以理解为做成这件事的可能性。

效价是所能达到的目标对满足个人需要的价值，可以理解为你对这个激励的渴望度。

这个公式说明，人的积极性被调动的大小取决于做成这件事的可能性与对这个激励的渴望度的乘积，也就是说，一个人完成任务的可能性越大，对这个激励越渴望，他做事的积极性就越高。

简单来说，要激励员工，达到提升积极性的目的，就要做到以下几点。

（1）目标是可以通过努力完成的。

（2）给的激励内容是员工所需要的。

（3）完成了这个目标就可以得到这个激励。

介绍完这两个理论我们再回头来看物质激励。物质激励说白了就是给钱，就是一个人在一个公司的报酬。但是，激励又不仅仅是给钱那么简单。给多少、给的方式不同，激励的效果是完全不一样的。

报酬的设计一看总量，二看结构。总量上一定要有横向的可比性，总量低于市场水平很难留住人；总量与市场水平持平，没有什么激励效果；总量高于市场水平，有激励效果，但同时要配以对应的考核与淘汰机制。当然，这是从理论角度出发，实际的工作中，每个公司的情况不一样，这个理论只能做参考。

报酬的结构从大方面有三种分类：基本的薪酬、短期激励性报酬、长期激励性报酬。

不知道你有没有发现，在介绍双因素理论的时候，笔者并没有把基本的薪酬放到保障因素中，也没有放到激励因素中。这是因为基本的薪酬可以是保健因素，也可以是激励因素，这取决于薪酬水平。

与报酬总量一样，如果基本的薪酬低于同行业水平，那么，很可能留不住人。

如果基本的薪酬与同行业水平差不多，那么，基本可以留住人，但没有激励的效果。为什么呢？因为这个时候，这样水平的薪酬在员工心中是“应得的”，是保障因素，而保障因素是没有激励效果的。

如果基本薪酬高于同行水平，那么，这个时候基本薪酬就成了激励因素，因为这样水平的薪酬在员工心中是“太好了”。但是，光有这样的高薪酬是不够的，如果只有高薪酬却没有考核与淘汰机制，那么，这高薪酬的激励效果就会大打折扣，甚至有负效果。拿着超高的工资，不用担心被淘汰，久而久之就会混日子。

基本薪酬的制定要结合公司实际情况和市场水平，不能完全按照市场水平来，也不能完全不参考市场水平。可以把部分岗位按照市场水平定薪，部分岗位高于市场水平定薪。

接下来，我们看看短期激励性报酬。短期激励性报酬与短期业绩挂钩。比如：每月的奖金、提成、季度奖励、年终奖等。

这些激励形式都很常见，笔者就不多着墨，只根据笔者的经历提出几点注意事项。

（1）奖金的制度一定要明确。奖金池、参与奖金分配的资格、分配方式但凡有一项不明确，都会在奖金发放的时候引起“动乱”。因为这毕竟是与员工息息相关的利益，有一点问题，员工的反响都很大。

（2）在制定激励制度的时候，要基于人性的角度恶来制定，而非根据人性的善来制定。好的制度，能让坏人做好事；而坏的制度，能让好人做坏事。

（3）奖金的制度一定要公平，失去了公平，不仅无法起到激励的效果，反而会带来副作用。

（4）奖金的噱头可以多样化。人都有适应性偏见，一旦适应了，激励效果就会打折。比如，销售的奖励可以根据订单的数量设置“开单王”的奖励，可以根据订单金额设置“大单奖”，可以根据新人完成情况设置“新人奖”。也可以设置一些另类的奖，比如当月业绩还差一点，可以根据实际情况设置诸如“最后两天到单，每到一笔，获得该订单金额的2%的奖励，总量2万，先到先得。”还有很多很多，看你想要达到什么样的效果，就可以设置什么样的奖励。只是这些奖励最好不要每个月都有，最好随机设置一些奖励，这样，员工摸不着规律，就会产生惊喜的效果。

（5）销售的基础薪资和提成、奖金的比例一定要恰当。过高的基础薪资不利于销售开单。

（6）奖金金额的设置要结合员工的心理预期，倘若金额低于员工的心理预期，激励作用就不大。就好比员工对该奖励的心理预期是10000元，结果只发了5000元，那他不会因为得到了5000元而开心，会因为只得到5000元而不爽。所以管理好员工的心理预期是很重要的。

（7）公司层面、管理层答应了的奖励，就一定要兑现。而且要及时兑现，否则不仅达不到预期的效果，还会让管理层失信于员工，降低员工对管理层和公司的信任。

（8）奖励最好公开发放，销售的奖励可以开大会的时候发，最好是发现金。其他岗位表现突出的奖励，最好能在公司层面发文表扬，这样不仅得到了奖励，还获得了荣誉感。

（9）在设置奖金时，第一名的奖金要和第二名的奖金拉开距离。第二名和第三名可以不用有多大的差距。为什么呢？因为到了一定的层次，其他影响因素不变，每多投入一份努力，所获得的回报是边际递减的。这个很好理解，读书时考30分的，复习一个星期，可以增加30分，但是，考90分的复习一个星期，可能只能增加1分。

（10）提成、奖金封顶。在实际工作中，大家肯定都遇到过有些人由于运气超好，得到了一个大单的情况，比如，一个订单提成是300万，但实际上该公司平时最好的销售每个月的提成也就20000。那么，这300万的提成怎么处理呢？这是需要考虑的实际问题。很多公司会设置提成封顶制度，就是为了防止这样的意外发生。有些销售人员拿了一笔大提成后，觉得这些提成已经足够他未来的生活，可能就不干了，这样，提成的激励效果就没有了。

了解完短期激励性报酬，我们再来了解长期激励性报酬。长期激励性报酬与长期业绩挂钩，比如期权、股票升值权、限制性股权、虚拟股权、股权等。

为什么要有长期激励性报酬?

我们的短期付出会得到短期的回报，这样就会产生一个问题。当公司的短期利益和长期利益发生冲突的时候，经理人或管理者会更在乎短期利益。但是，这显然与公司股东的利益不符合。股东希望公司能够长期稳定地发展。因此，股东们会制定一些长期激励措施来约束管理者。在这种情况下，管理者如果想得到长期激励，就需要在短期利益和长期利益中做取舍，选择对自己利益最大化的决策。

股东希望管理者能把公司当作自己的公司来管理，那么，就需要管理者保持公司的长期稳定发展。要让管理者在做决策的时候考虑到公司的长期利益，那么，必然要让长期激励比短期激励更有诱惑力。

基本上所有的长期激励机制都是在这个核心内容上建立的，不同的只是形式，基本的原理是一样的。我们以股票期权为例简单讲述长期激励性报酬。如果你对长期性激励报酬感兴趣的话，可以在网上查一下股票期权之外的长期激励方式。

股票期权不同于股权，它是一种拥有股权的权力。简单理解就是：你和公司约定，在多长时间内达到怎样的业绩，你可以选择按照约定的价格拥有股权。在上市公司，如果到期时，约定的行使权力的价格要低于市面价格，那相当于赚到了，绝大多数人都会选择行权。但是，也有可能到期时，约定的行权价格高于市面价格，这种情况很多人会放弃行权，放弃行权相当于并没有享受到这个长期激励。基于这样的不稳定性，最好不要只采取股票期权这一种长期激励的方式。

期权行权后，并不代表就拥有了真金白银。对于上市公司，行权之后拥有的就是上市公司的股票，这个股票需要变现才会有钱。基于这样的原理，投资人也更看好管理层持有大量股票却不变现的公司，因为不变现大多数情况下代表更看好未来价值，公司内部管理层都看好未来价值，那么，可能公司未来的发展确实不差。对于非上市公司，行权之后拥有的是公司的股份，这个股份在公司未上市之前可以获得分红，在公司上市后，这些股份才能变成股票，才能变现。

不同的长期激励性报酬虽然在原理上是大致相似的，但是在激励效果和实际操作上还是有很大不同的。到底如何使用长期激励性报酬要根据公司的具体情况而定。并不是因为市面上大部分公司都采取股权激励的方式，就一定也采取股权激励的方式进行长期激励，只有适合的才是最好的。

我们花了很大的篇幅讲述物质激励，在做物质激励的时候，除了上文提到的注意事项，还有一些其他需要注意的内容。

（1）适合的激励机制才是好的激励机制。好的激励机制不论方式，而是要有助于找到双方的利益平衡点，让双方的利益目标和行为方向保持一致。

（2）物质激励该给的一定要给到位。

（3）激励的对象是人，不是工具。不要把人当成一个完全只需要利益的“势利人”来对待。

（4）激励要根据人的情况而变化。一个人在不同的阶段，需求是不一样的。比如，当一个员工的能力值 8000 元时，你给他 10000 元，他会感激，会努力工作。但是，当他努力工作后，能力达到 20000 元时，你给他 15000 元，他是否还会努力工作呢?

（5）当员工产生了高层次需求的时候，金钱的激励作用是有限的。但是，有限不代表没有。

（6）无论你了解多少关于激励的理论知识，在实际采取激励措施的时候，一定要把握公司的实际情况。很多理论都有其适用条件，并不是所有情况都适用。

（7）物质激励一定要走在精神激励的前头，先谈利益，再谈愿景。

既然我们已经讲完了走在前头的物质激励，下面我们就来聊一聊丰富多彩的精神激励。如果说，物质激励的基础是经济学，那么，精神激励的基础就是心理学。

精神激励与人的心理感受密切相关。根据马斯洛需求理论，在职场上，物质激励满足了生理需求，保障我们可以生存下去。精神激励就是满足安全需求、社会需求、尊重需求以及自我实现的需求。具体都有哪些精神激励呢？

（1）轮岗

你可能会惊讶，轮岗也是一种精神激励吗？当然不是所有的轮岗都是激励。以增加员工工作多样性、提升跨领域工作能力为目的的轮岗就是一种精神激励。在科学管理的大背景下，组织内的分工日益明确，每个人做的事情都是固定的，这样非常容易产生疲劳感，工作效率降低。适当轮岗，可以增加工作的新鲜感，提升跨领域工作的能力。

（2）晋升

晋升自然也是一种精神激励，晋升作为激励，背后的原理不仅是薪资的增加，更多的是一种成就感、社会认同感、被尊重和自我实现感。

（3）授权

在一定范围内的授权可以让员工自己主动把握工作，这种主动的感觉会激励员工做好当下的事情。

（4）认同感

无论是在公开场合的表扬，还是私底下的赞美，都是一种认可、认同感，这种认同感在某些特殊时刻会起到其他激励方式无法达到的效果。

（5）信任与重视

管理者的信任与重视很多时候就是一种无声的激励。在日常工作中随处可见，深受管理者信任与重视的员工在工作时的积极性是和其他人不一样的，体现在更愿意去做不属于自己工作范围内的事情，更愿意奉献。

（6）感受到工作的重要性

每个岗位的存在都有其存在的价值，没有一个岗位的工作是不重要的。作为管理者，不仅要有这样的意识，还要切实地让员工感受到工作的重要性，告诉他工作的重要性。比如，如果一个员工知道自己的工作可以帮助他人每天救1000个人，他是不是会更认真地对待自己的工作。

（7）参与感

倘若一个员工参与了某项制度的制定，那么，对这项制度的执行他会比其他没有参与制定的员工更积极，这就是参与感带来的激励效果，参与感会让员工感受到被重视。

（8）成长

对于要求进步的员工来说，工作能够带来成长本就是莫大的激励。因为成长是他所求，而工作可以带来他的所求，渴望与实际的相匹配，激励效果就会更大。

（9）工作氛围

实际工作中，有不少员工十分在意工作氛围。如果工作的氛围好，他们工作起来就会更开心，工作效率更高。如果工作氛围不好，他们可能会选择离职。管理者要关注自己的团队是否有这样的员工，尽可能营造和谐的工作氛围。

（10）领导者魅力

不常见面的领导偶尔的点赞、评论、生日的祝福、叫出名字、一句

“好好干”等都是激励，这种激励来源于领导者的魅力。

（11）挑战

不是所有人都喜欢挑战，但是，对于喜欢挑战的员工来说，给他一些富有挑战性的任务就是一种激励，他会备受鼓舞，大展拳脚。

（12）尊重

尊重体现在日常工作的方方面面。如果一个员工在上班时感觉受到了莫大的尊重，他工作的积极性相对比不受尊重的员工要高很多。

除了上述12条精神激励之外，还有诸如树立标杆、乐趣、组织活动等。笔者在搜集资料的过程中，甚至看到了一百个精神激励的方法。因此，笔者建议，在实际操作中，可以多多参考各类精神激励的方法，选择适合自己的几个，不必全部都用。还是那句话：适合的才是好的。

读到这里，不知道你有没有发现，无论是物质激励还是精神激励，方法纵有成百上千，心法总是一样的，那就是：找到需求、满足需求。

非财务管理者不可不知的财务指标

我们花了大量的篇幅探讨激励这个话题。但总能遇到一些人是无法被激励的，他们不想升职，不想加薪，不想成长。激励是为了满足需求而存在的，他们没有需求，激励对他们毫无意义。

怎么办呢？可以采取考核的方式。

其实，无论是激励还是考核，都只是管理手段，最终的目的只有一个，就是提高员工的积极性从而完成业绩目标。

那业绩目标从何而来？从企业的战略目标分解而来。一家企业在不同的阶段有不同的战略目标，但无论是哪个阶段，都离不开与该战略目标相匹配的财务指标。作为管理者，了解这些财务指标后，就可以更清晰地认识到自己小团队目标的前世今生。

企业在不同阶段侧重的财务指标是不同的，但仍然有一些基础的财务指标是在任何一个阶段都很重要的。本章挑选其中几个常见的重要的财务指标进行说明。

我们先来看一个公式：投资回报率＝投资收益/投入的资本。

一家企业能够成立，是建立在有股东投入资本的基础之上的。这个股东可以是创始人，也可以是不参与企业运营的投资人。股东愿意投入资本，是因为这个投入可以在未来给他带来超过投入的收益。从这个角度来看，企业的根本目标就是给股东赚取更多的收益。

如何衡量赚取的收益是多还是少可以通过投资回报率这个指标来看。在实际经营中，通常会将账面的资产总额来代替投入资本，将利润来代替投资收益。因此，这个公式就变成了：

投资回报率＝利润/总资产

这个时候投资回报率也叫资产回报率。

如果我们将这个公式的分子和分母都分别乘以销售收入，那么这个公式又可以演变为：

投资回报率＝（利润×销售收入）/（总资产×销售收入）＝（利润/销售收入）×（销售收入/总资产）＝利润率×资产周转率

“投资回报率＝利润率×资产周转率”这个公式叫“杜邦方程式”。通过这个公式，我们就可以判断出投资回报率的高低到底是受什么因素的影响。是卖的产品不行（利润率低），还是卖产品的能力不行（资产周转率低）。

如果单纯是判断卖的产品赚不赚钱，利润率最好使用毛利率，毛利率＝毛利/销售收入＝（销售收入－生产成本）/销售收入。

为什么不用净利率呢？净利率＝净利润/销售收入＝（毛利－费用）/销售收入。通过公式可以看出，净利率受费用的影响较大，倘若产品的毛利率尚可，属于行业正常水平，但是净利率较低，那么，极有可能是费用出了问题，花费太多了。那么，这就不是产品不行，而是管理水平不行了。而毛利只与销售收入和生产成本有关，比较稳定，更能反映出产品本身的情况。

我们回过头再看“投资回报率＝利润/总资产”这个公式，总资产是投入的资本，投入的资本从哪里来呢？除了股东自己的钱，还可以借钱。

财务三张表里有一张表叫“资产负债表”，这个你大概是听说过的，如果你没听说过，可以打开手机或电脑，在网上搜“资产负债表”，然后对着表继续看书。

在资产负债表上，股东自己的钱叫作所有者权益，借的钱叫作负债。既然投入的资本来源于股东自己的钱和借的钱，那么就意味着资产 = 所有者权益 + 负债。

资产负债表的左侧列的就是企业的各项资产，包括流动资产、长期资产、固定资产、无形资产等，左侧最下方有个资产合计，这个资产合计就是企业的总资产。

资产负债表的右侧列的是企业的各类负债和各项所有者权益。其中负债包括流动负债、长期负债等。所有者权益包括实收资本、资本公积、盈余公积、未分配利润等。

如果投入的资本完全是股东自己的钱，没有借的钱，那么，我们可以把“投资回报率 = 利润/总资产”这个公式分解为“投资回报率 = 利润率 × 资产周转率”。

如果投入的资本当中除了股东自己的钱还有借的钱，那么，分解的方式就需要再变换一下。

投资回报率 = 利润/所有者权益 = （利润 × 销售收入 × 总资产）/（所有者权益 × 销售收入 × 总资产） = （利润/销售收入） × （销售收入/总资产） × （总资产/所有者权益） = 利润率 × 资产周转率 × 杠杆

杠杆这个词你应该不会陌生，杠杆也叫“财务杠杆比率”，意思就是，你每投入一分钱，可以撬动别人多少钱，从而形成了总资产。

当我们得到“投资回报率 = 利润率 × 资产周转率 × 杠杆”这个公式后，我们也就知道了想要达成企业的最终目标，想要提高股东的投资回报率，就需要提升利润率、资产周转率，巧用杠杆。

如何提升利润率？我们一样通过公式来分析：

利润率=利润/销售收入=（销售收入-成本-费用）/销售收入=（毛利—费用）/销售收入

依据以上公式，想要将利润率提高，那么就要提高收入、降低成本和费用。

财务三张表有一张表叫作“利润表”，也叫作“损益表”。利润表中体现的是收入、成本、毛利、费用、净利等信息。其中，费用包括销售费用、管理费用、财务费用等，这三项费用也是我们日常经营活动中比较关注的三项费用。

销售费用就是与销售活动相关的直接和间接费用，比如业务招待费、宣传推广费等。

管理费用就是与管理活动相关的费用，比如办公费、场地租赁费等。

财务费用就是指企业为筹集生产经营所需资金而发生的费用，最常见的如利息。

如果当期的费用较以往有较大的变化，一定要深入到每项费用的细节中，找出原因，才能有针对性地降低费用。

我们除了关注收入、成本、费用和净利润这些指标之外，也要格外重视毛利这个财务指标。尤其在分析毛利变化的时候，一定要找到导致毛利变化的根本原因，究竟是行业因素还是企业自身因素导致了毛利的变化。

不同性质的企业在提升投资回报率这件事上的侧重点是不一样的，有的企业比较侧重提升利润率，有的企业则比较侧重提升资产周转率。

资产周转率=销售收入/总资产，如果我们将分母中的总资产换成流动资产，我们就可以得到流动资产周转率，如果换成固定资产，就可以得到固定资产周转率。

如果把总资产换成单项资产，比如说换成应收账款，就可以得到应收账款周转率。换成存货，就可以得到存货周转率。有的企业资产负债表中所列的单项资产就有几十种，因此也可以有几十项单项资产周转率。

对于非财务团队的管理者，无须知道太多的资产周转率指标，甚至对于资产周转率只需要有简单的了解即可，笔者挑选出两个常见的资产周转率进行简单说明。

应收账款周转率。什么叫应收账款？就是你把 1000 元的货物卖给了客户，客户拿到了货，却没有将 1000 元转给你，说是要到月底给你转钱，那么，这 1000 元就是应收账款（应该收回来的账款）。

企业需关注应收账款的周转率，从而去判断是否需要调整赊销政策。应收账款越多、拖的时间越长，就越容易产生坏账。

存货周转率。这个指标反映了企业的卖货能力。一件货物以存货的形式存在的时间越短，说明企业卖货的能力越强。存货在仓库滞留越久，越容易滞销。如果最终都无法卖出，有可能就会从存货变成废货，白白损失了资产。

影响投资回报率的第三个指标是杠杆。前文我们提到，想要提高投资回报率就要提升利润率、提升资产周转率、巧用杠杆。此处用的是巧用，而不是提升，这是为什么呢？

固然，在某一个临界点之下，杠杆越大，代表着你用同样的投入，可以撬动更多的外债，从而获得更多的资产，可以达到在短时间内用杠杆增加规模的效果。

但是，杠杆是一把双刃剑，没有把握好杠杆的尺度，容易反噬，让企业处于债务旋涡之中苦苦不得脱身，最终破产。正是如此，才需要巧用杠杆，让杠杆成为企业发展的工具，而不是导致企业破产的工具。

与杠杆有关的财务指标有不少，笔者挑选了其中三个进行简单说明。

资产负债率，这是经营活动中经常看到的一个财务指标，这个指标看的是在总资产中，总负债占了多少。一个行业通常会有一个大致水平的资产负债率，如果企业的资产负债率高于行业平均水平，就需要小心了，可能存在较大的风险。

偿债比率，负债总额与经营活动现金净流量的比率就是偿债比率，一般认为，该比率越低，企业偿还债务的能力越强，风险越低。

流动性比率，流动资产与流动负债的比率就是流动性比率，一般认为，该比率越高，企业偿还债务能力越强，风险越低。

看到这里，你是不是已经有点累了呢？这是本书中唯一一章使用了大量公式的章节，在阅读的过程中，笔者建议，如果你对这些财务指标不熟悉，每看到一个新的，都可以停下来，去网上查一查相关概念，然后自己动手推导一遍，加深理解。

如果不是财务团队的管理者，如果不用参与企业的经营分析会，你可能在日常的工作中较少听到和看到这些指标。但是，这些指标却又与你的工作息息相关。

为了提升股东的投资回报率，为了企业持续稳定的发展，企业在战略层面制订了一些战略目标，这些战略目标匹配了相关的财务指标，比如说企业的战略目标是将销售利润率从10%提升到15%。

那么，接下来高层管理者就会将这一条战略目标进行分解，按照前文所讲，提升利润率就是要增加收入，减少支出。

那么，要完成这5%的销售利润率提高的任务，就要算出来得完成多少销售收入，得把支出控制在什么样的水平。再往下，就要分解出怎样做可以完成这样的目标收入，怎样做可以将支出控制在期望的水平。接着就会有更细化的指标出现，然后不同的团队负责其中不同的指标，这些更细化的指标就构成了每个小团队的业绩目标。

下一篇我们将重点探讨业绩目标和业绩考核。

业绩目标与业绩考核

没有目标，就没有管理。笔者认为，管理的过程就是将一个或多个大目标进行拆解，形成数个小目标，通过组织的运作与人的执行，完成一个一个的小目标，进而完成最初制定的大目标的过程。

企业的高层管理者将战略目标通过平衡记分卡等工具进行分解，分解为多个小目标。这些小目标就作为各部门（团队）的业绩目标被分配给相应的部门（团队），每个部门（团队）通过目标分解，又将这些小目标变成多个指标分配给每一个岗位，每个岗位的员工通过日常工作完成属于自己的指标。倘若每个人都完成了自己的指标，那么团队就完成了属于团队的业绩目标。倘若每个团队都完成了自己的业绩目标，那么企业也就完成了最初制定的大目标。

那么，对于中基层管理者而言，要做的就是将业绩目标进行分解，分解为数个指标，将这些指标分配给每一个岗位。然后，通过招聘找到适合这个岗位的有能力完成这些指标的人才，通过培训提高这些人才的能力，通过激励与考核激发这些人才的潜能与积极性，通过文化建设营造可以高效工作的氛围，通过团队建设达到一加一大于二的效果。明确的业绩目标加上能力强的人才，配备有效的培训体系、激励体系、考核体系以及良好的工作氛围和团队建设，完成团队的业绩目标就不是难事。

前一篇我们简单介绍了一些财务指标，但是，业绩目标不仅仅只有财务指标，还有很多非财务指标。对于可量化的财务指标来说，分解和分配都相对容易一些。原则就是：依据历史数据、对未来的预计、每个人的能力进行分解和分配。

对于一些不可量化的业绩指标，分解分配就有一些难度，这个时候就需要用到一些目标管理的工具。说到目标管理工具，smart 原则你肯定不陌生，前文笔者已经介绍过。但是，smart 原则只是用来对某一特定目标进行更精确的描述，有一定的适用范围。这里，笔者再介绍一个目标管理工具：OKR。

说起 OKR，你或许不陌生，毕竟，OKR 已经火了很长一段时间了。但是，很多时候，OKR 都被当成了和 KPI 一样的考核工具，而非目标管理工具。

OKR 是“Objective & Key Results”的缩写，也叫目标与关键成果法，是一套明确和追踪目标及其完成情况的管理工具。比较适用于整体素质较高，且工作无法量化考核的部门做目标分解。没错，OKR 就是一个目标分解工具。

“O”代表的就是目标，KR 代表的是关键结果。

总经理的 KR 是总监的 O，总监的 KR 是经理的 O，经理的 KR 是员工的 O，员工的 O 最后分解成员工的 KR。

了解到 OKR 其实就是一个目标分解工具后，操作起来就简单了。作为中基层管理者，把上级分配给自己的目标 O 和自己给自己制订的目标 O（在管理篇的开始，笔者就曾提到过，只要保证大的方向不变，管理者可以自己给自己的团队制订相应的目标。）写在纸上，然后把每一个目标 O 都进行分解，写出 3 ~ N 个关键结果 KR，再对这 N 个 KR 进行分配，分配给不同的员工。

在实际操作 OKR 时，有一些注意事项：

（1）OKR 只是一个目标分解工具，而不是一个绩效考核工具。当采用 OKR 做目标分解的时候，可以配以 360 度环评作为业绩考核工具。

（2）既然是通过 360 度环评进行考核，而非针对目标进行考核，那么在设置目标的时候，可以把目标设定得更高一些。有研究表明，适当的高目标可以激发人的潜能，取得更好的成绩。

（3）每一个目标对应的关键结果要可衡量，在使用 OKR 进行分解时，可以用 smart 原则去检验每一个关键结果指标是否符合好指标的标准。

（4）每一个目标对应的关键结果最好不超过 6 条，指标太多，精力分散，不容易聚焦。

（5）所有的 OKR 必须要透明公开，透明公开就是互相监督。如果所有人的完成度都偏低，说明目标定高了。如果都完成了，就一个人没完成，说明那个人的能力不行或者没有尽力。如果一个人的完成度普遍高于其他人，说明他的能力是最强的，给他定的目标就偏低了。

关于业绩目标笔者就介绍到这里，接下来我们来看看业绩考核。

说到业绩考核，你脑中出现的第一个词是什么？很多人应该都会想到 KPI。KPI 是业绩考核的一个普遍被知晓的工具，业绩考核的工具除了 KPI，还有我们上面提到的 360 度环评。

我们今天先抛开这些看上去高大上的工具，我们先了解一下，为什么会有考核？

其实，这个问题在前文已有答案。考核与激励一样，目的都是为了让员工完成业绩目标，只不过采用的方式不同，一个用鼓励的方式，一个是鞭策的方式。

了解了考核的目的，我们就可以知道制定考核标准时的心法：你想得到什么，你就考核什么。考核在哪里，员工的方向就在哪里。

有了这样的心法，你就不会迷失在工具的精巧之中。

制定考核标准有四大要素，分别是以下方面：

（1）考什么：要明确考核的具体内容，以及不同内容所占的权重。

（2）谁来考：被考核人和考核人是谁。

（3）什么时候考：考核的周期，是月度、季度、半年度还是年度。

（4）怎么考：考核的实际操作流程。

制定考核标准有几个注意事项，分别是以下方面：

（1）市场快速变化的当下，考核的指标和考核的权重是可以随着市场的变化进行调整的。也就是说，考核的内容不是一成不变的，而是可以根据实际情况进行调整的。

（2）经营目标不同、战略目标不同，落实到最后的考核指标就会有所差异，因此，在制定考核标准的时候，切忌照搬照抄，一定要根据公司和团队的实际情况制定考核制度，适合自己的才是最好的。

（3）考核的内容要与目标相匹配，否则，考核就失去了意义。

（4）考核的内容要少而准，过多的考核条目不仅不容易聚焦，还会扼杀员工的创造力。

（5）考核的时间要根据考核的形式来动态调整，对于某些团队可以每月考核，对于某些团队却不必频繁考核。

了解了考核的目的、心法、要素和注意事项后，我们来看看前文提到的两个考核工具：KPI 和 360 度环评。

1. KPI

KPI 是“Key Performance Indicator”的首字母缩写，中文名叫作关键绩效指标。是一种可量化的绩效考核管理方法。简单说，就是把目标分解成可以量化考核的一系列的考核指标。

这种考核方式的考核内容基本都是可以量化的数字化指标，打分是基于客观的数据事实来打的。考评人通常都是被考评人的直接上司，考核的流程相对更简单一些。

适用范围：适合销售团队、流水线车间等容易将指标量化的团队；适合已经处于稳定期的企业，这种企业的战略目标已经可以做到非常清晰了，而且可以流程化。KPI 不适合创业期的企业，因为创业期很多战略和打法都在探索阶段，需要时刻应对外部环境的变化，及时进行调整。过早使用 KPI，会导致员工只关注 KPI 中的考核指标，而有些指标是滞后的，难以反映市场的变化，这样就不利于创业团队的战略调整。

2. 360 度环评

也叫全方位考核法，说白了，就是与被考评人工作有接触的多人从多个维度进行主观打分。使得这个主观的打分更接近客观现实。

这种考核方式的考核内容可以参考通过 OKR 分解后的关键结果指标。打分的人选取与被考评人工作相关的多个部门的人。由于做一次 360 度环评涉及的人员比较多，所以，不建议频繁考评，考核周期以半年度和年度居多。

适用范围；研发团队、工程师团队、公关团队、中层以上管理者等无法做量化考核的团队或群体。

最后，有一句话再怎么强调都不为过：工具都有其适用范围，在选择工具的时候，一定要结合自身的实际情况，不要盲目选择最火的、最高大上的，要选择最适合的。与此同时，一定要了解工具背后的原理，才能做到无招胜有招。

如何做好团队建设

团队建设这个词你肯定经常听到，或许你还参加过不少团建活动。那么，团队建设是不是就只是搞搞团建活动、聚聚餐这么简单呢？显然不是。本章我们就来聊一聊团队建设这个话题。

在笔者的理解中，团队建设就是建设好一只理想的团队。

那么，什么是团队，什么又是理想的团队呢？

团队由一群互相之间有配合、有良性协同关系、有共同目标的成员组成。成员们为了完成共同的目标，会互相合作，相互配合，形成良性协同，最终完成目标。

所以，判断是否是一支团队，要满足三个条件：有两个或两个以上的成员；成员有共同的目标；成员之间有良性的配合协作。

如果只满足其中一个或者两个条件的，都算不上团队。像电视剧里，各大门派抢夺武林盟主之位，他们的目标是一致的，但是，他们只是一个群体，而不是一个团队。他们虽然满足人员数量和共同目标这两个条件，但是他们互相之间是竞争关系，而不是配合协作的关系。

什么样的团队是一支理想的团队呢？

一千个读者有一千个哈姆雷特。不同的管理者心中有不同的理想团队。笔者心中的理想团队是这样的：

团队的每一位成员都有能力完全胜任自己的工作；

团队的每一位成员都可以积极主动地投入到工作中；

团队的每一位成员都有上进心并付诸行动；

团队成员之间配合默契，一人有难，八方来帮，共同完成团队目标。

读到此处，你不妨把书放下来，闭上眼，好好想一想，你理想中的团队是怎样的。

有了理想中的团队的构思，我们才知道如何做好团队建设。在笔者看来团队建设就是为了建设一支理想的团队，这支理想的团队能最大限度地发挥每一个人的才能，取得 1 +1 可以大于 2 甚至大于 3 的效果，从而超预期地完成团队目标。

具体怎样做好团队建设，笔者提供一个思路，以便参考。

第一步：写下自己理想中的团队是怎样的。这一步刚才笔者已经做了示范。

第二步：盘点团队现状。

第三步：针对现实中团队的现状与理想中团队的状态进行对比，找出需要改进的地方。

第四步：制订对应改进方案并执行。

第五步：每一个季度对比一下理想团队和现实团队的差距，做一次改进。一般来说第一次大盘点之后，后续只需要微调即可。

以笔者自己提的理想中的团队为例。假如现实中团队的现状是这样的：

（1）团队总共有 10 个人，其中有 2 ~ 3 个人是无法完全胜任工作的。

（2）有 2～3 个人工作不怎么投入，个别人经常有一些负面的情绪。

（3）绝大多数团队成员都有上进心，但是似乎并没有付诸行动。

（4）工作时还是少了一些默契，而且，个别成员之间似乎有矛盾。

以上四条是现状盘点，盘点完了现状我们就要对比一下差距，然后逐个分析，制订改进方案。

第一条，2～3 人无法完全胜任工作。无法完全胜任工作是最终的现象，我们要通过这个现象去找到导致这个现象发生的原因。

我们可以把员工分为两类，一类是新员工，一类是老员工。对于新员工来说，无法完全胜任工作有三方面的原因：自身的原因、公司的原因、带新员工的导师的原因。然后就我们针对每一个原因继续向下分析，为了找到根本原因，笔者画了一张图示，详见图一。

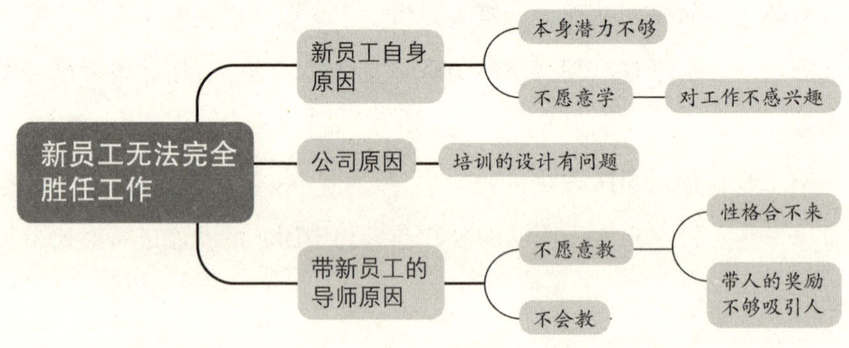

图一　新员工无法完全胜任工作的原因分析思维导图

我们可以看到，通过一层一层地分解，新员工无法完全胜任工作有六条原因（实际情况比图中更复杂，倘若你遇到了这样的问题，可以采取这样的分析方法得到适合你的答案）。

我们可以通过观察新员工和导师的工作方式，以及与新员工和导师谈话了解具体的原因，从而制订对应的改进方案。表一中笔者提供了一些解决方案。

表一 解决方案表

原因	解决方案
本身潜力不够	继续观察或者淘汰换人
对工作不感兴趣	继续观察或者淘汰换人
培训的设计有问题	管理者重新审视培训设计，优化培训工作
导师与新员工性格合不来	化解合不来的矛盾或者换导师
带新人的奖励力度不够	增加奖励或者换导师
导师不会教	教导师怎么带人或者换导师

如果是老员工无法完全胜任工作呢？那基本就是能力的问题了（当然也会有其他问题）。如果是老员工能力问题，那么，要不淘汰换人；要么调岗；要么继续留着再教教。教了之后发现还是不行，就淘汰或调岗二选一。

第二条，2～3个人工作不全力投入，个别人经常有一些负面情绪。工作不怎么投入和经常有负面情绪是两件事，我们先通过图示看看不投入工作的原因，如图二所示。

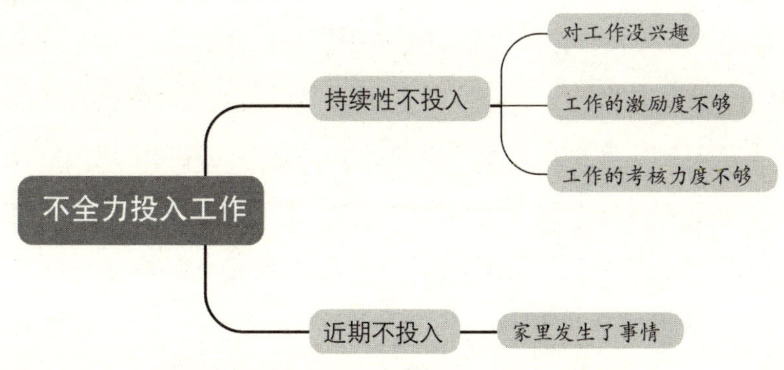

图二 不全力投入工作的原因分析思维导图

针对这四点原因，我们可以分别做出如下解决方案：

对工作没兴趣的：要么继续观察一段时间，要么淘汰换人。

觉得工作的激励力度不够的：要么考虑增加工作的激励力度，要么淘汰换人。

工作考核力度不够：视情况增加考核力度或者换人。

家里发生了事情：给他放假让他先休息，多引导、提供力所能及的帮助。

针对经常有一些负面的情绪的团队成员，同样需要了解清楚产生负面情绪的原因，是性格问题导致的还是其他问题导致的。如果是性格问题导致的，你又没有把握完全改变他的话，那就可以考虑换人了，毕竟，负面情绪是很容易影响到整个团队的。如果一个团队里有一个经常有负面情绪的人，这个团队的稳定性就会受到冲击。如果是其他问题导致的，那就通过与他多沟通找到原因，然后化解。

第三条，有上进心却没有行动。这就和执行力一样，所有人都知道执行力很重要，但执行力就是不强。有时候没有执行力不是因为偷懒，不是因为拖延，而是不知道怎么办。所以，如果一个人明明很有上进心，但迟迟没有行动，你可以了解一下，是不是不知道怎么行动，如果是的话，就教他一些方法。如果不知道用什么方法，可以往前翻到《如何帮助员工成长》这章，里面笔者提供了一些方法。

第四条，工作时少了一些默契，而且个别成员之间似乎有矛盾。信任是默契的基础，在信任之上还需要磨合才会生成默契。缺乏信任可能是成员之间还不熟悉，团队管理者没有重视信任感培养等。基于这样的原因，可以通过团队的文化建设，做提高团队成员间信任度的团建活动，多组织聚餐这样的活动，多磨合等方式提高团队成员之间的默契度。

团队成员之间有矛盾是很正常的现象，但又是不可以忽视的现象，因为产生矛盾的原因不同，其性质就有天壤之别。

一般产生矛盾有这么几个原因：价值观不合、利益冲突、性格不合、误会。

价值观不合的人很难聊到一块去，在同一个团队里面，如果几个人的价值观不同，吵架就几乎是在所难免的。当遇到这种情况时，团队管理者需进行一定的引导：价值观念不同很正常，但是要学会理解他人的观念，观念是没有对错之分的。如果价值观冲突非常严重，而且有不利于团队稳定的价值观存在，那么，团队管理者可以考虑换掉那个影响团队稳定的价值观不同的人。

存在不同的观念有时候也是好事，可以增加团队的多元化，在遇到一些棘手的问题时，可以提供多维度的思路。

团队内部虽然以合作配合为主，但也会存在利益冲突，尤其是在评优评先、有晋升机会的时候。在这个时候，管理者首先要做到公平、公正、公开，这样就不会出现团队内部大规模因为利益冲突而发生矛盾的情况，团队成员不会把矛头转移到管理者身上。在做到公平、公正、公开之后，总会有人落选，对于落选的成员要及时疏导情绪、做好安抚工作，以免落选的成员对选上的成员产生敌意、不服气等情绪。这个情绪如果不加以疏导，有可能会成为日后矛盾的根源。

性格不合在工作场合实际上很少会导致矛盾产生，除非是极端性格不合的情况。在一个团队里，大家都是围绕着共同目标工作的，性格上面的差异一般都会容忍或者互相之间少打交道，一般也不会影响工作。

误会通常由具体的事情引起的，如果团队成员之间有误会，管理者需了解导致他们产生误会的原因，并主动寻找机会帮助他们化解误会。

通过上述实例可以发现：团队管理者理想团队的构想不同，团队的现状不同，团队建设的内容就不同。想要做好团队建设，就需要结合理想团队的构思与团队的实际情况来制订方案，绝不可直接照抄他人的做法。

你的权力来源于哪里

在一个团队中，有管理者和团队成员，管理者想要凝聚人心，做好团队建设除了前文提到的方式方法，还需借助权力的力量，这一章我们就来聊一聊管理者的权力。

在经典管理学的定义中，权力根据其来源分为五种，分别是：法定性权力、奖赏性权力、强制性权力、专家性权力和参照性权力。

前三种权力基本属于岗位权力，无论是谁，只要在管理的岗位上，就有了这三种权力。而后两种权力与人的高度相关，也就是说，不是每一个在管理岗位上的人都具有专家性权力和参照性权力的。

我们依次来看看这五种权力。

法定性权力：每个公司有每个公司的规章制度，当你处在一个管理岗位的时候，你就有了按照公司的规章制度规定的合法的权力。

奖赏性权力：这个很好理解，你作为一名领导者有对下级进行提职提薪、表扬等的权力。

强制性权力：指的是领导者对其下属具有强制其服从的权力。

专家性权利：指的是领导由个人的特殊技能或某些专业知识而形成

的权力。

参照性权力：指的是由领导者个人的品质、魅力、资历、背景等组成的相关的权力。

有些地方也把前三种基于岗位的权力称为硬权力，把后两种基于人的权力称为软权力。

硬权力的存在有其合理性，无规矩不成方圆，如果没有硬权力的约束，组织很有可能是松散的、无纪律的，组织的效率无法得到保障。

但仅靠硬权力是不行的，单纯地依靠规章制度、强制的管理显然是无法深入人心的。这时候，要配合甚至更多地使用软权力，也就是专家权和参照权。

在实际的管理中，专家权和参照权往往能够给管理者带来远超过岗位所赋予的影响力。

比如对专业性要求比较强的技术开发、财务等团队，一个管理者本身的超强的业务能力就可以让成员信服，而且跟着干能够学到东西，成员就会愿意干。

这种时候，这个管理者的影响力就来源于他的专业性，而非岗位。

有些管理者本身具备一些特质：非常尊重自己的伙伴，愿意帮助伙伴成长、无私奉献等。因为这些特质，他带领的团队成员在薪资减半的情况下都愿意跟着他干。

这种时候，这个管理者的影响力就来源于他的魅力，他的个人特质，而非岗位。

在硬权力的管理下，下属可能也会把工作完成，但很多时候并非主动愿意干，也无法心服口服。这个时候管理者就只是管理者。

在软权力的管理下，下属可能在把工作完成的情况下，还能完成得超出期待得好。这时候，是心服口服地、心甘情愿地跟着干。这个时候，管理者就是一位领导者。

作为一名管理者，如何让自己拥有专家权和参照权，从管理者走向领导者？我们在下一篇揭晓。

从管理者到领导者的蜕变

管理大师德鲁克在《卓有成效的管理者》一书中提出："在一个现代的组织里，如果一位知识工作者能够凭借其职位和知识，对该组织负有贡献的责任，因而能对该组织的经营能力及达成的效果产生实质性的影响，那么他就是一位管理者。"

用现在非常流行的话来说，就是"人人都是管理者，人人都可以是自己的 CEO。"

此处的管理者是广义上的管理者，我们每个人都有自己的业绩目标，为了完成自己的业绩目标，我们会对自己的目标进行分解，然后制订计划，管理自己的时间、精力，制订奖励和惩罚方案，执行计划，完成目标。这就是一个自我管理的过程，倘若能做好自我管理，笔者相信，做好团队管理也是指日可待，不成问题的。

本书管理篇中所提及的管理者是狭义的管理者，具体指的是在管理岗位上任职的经理人。在前一篇，我们提到，当一位管理者仅靠硬权力去管理团队的时候，他只是一位管理者；而当他可以使用超越管理岗位的权力比如专家权和参照权时，他就是一位领导者。

笔者认为，在职场环境中，狭义的领导者就是在管理岗位上任职的有领导力的经理人。

领导力与权力不同，领导力是一个人影响他人的能力。所有的管理者都拥有岗位赋予他的权力，但不是所有的管理者都拥有领导力。

我们在谈论管理者的时候，通常把管理者的下级称为员工。当我们在谈论领导者的时候，通常把领导者的下级称为追随者。

管理大师凯利有一个著名的管理工具，叫“追随者表格”，按照积极性、是否具有独立性和批判性思维将追随者分为五种类型。

倘若 X 轴代表的是积极性，Y 轴代表的是独立性和批判性思维，那么，就有如下五种类型的追随者：

有效的追随者：积极投入工作，有独立性和批判性思维，不会盲从，做事情有自己的想法，敢于担当、敢于发表意见。

不合群的追随者：能力强，有独立性和批判性思维，但做事情不积极，甚至有的时候会故意坏事。

被动的追随者：没有独立性和批判性思维，工作投入也不够，做事情不积极。

循规蹈矩者：做事积极，但是没有独立性，没有自己的想法，上头说什么做什么，没有批判性思维。这种追随者容易盲从。

实用主义的追随者：这种追随者处于坐标轴的中心，以坐标轴原点为圆心，向外辐射。这些人是职场上精明的“老狐狸”，善于伪装，在这个圆里四个象限都各占一部分，哪一部分需要时，他们就展现出哪一部分的特质出来。

读到此处，你不妨放下书，拿出本子和笔，自己把这个二维四象限图画上一画，加深印象。

倘若你已经是一位管理者或者已经是一位领导者，那么，可以闭上眼睛想一想，自己的团队成员分别在哪一个象限，想一想是什么原因让你把他放在了那个象限，再想一想，有没有什么办法让他们更多地集中在有效追随者的象限。

这些问题只有你自己有答案，别人给不了你答案。倘若你能把这些问题回答清楚，能使一些非有效追随者受到影响成为有效追随者，那么，你的领导力一定有质的飞跃。

了解追随者类型后，我们来看看领导风格。很多管理类书籍都比较推崇民主型的有魅力的领导风格，但现实管理工作中，优秀的领导者风格并不相同，往往是多元的，笔者挑选三个比较常见的领导风格进行简单说明。

专制型领导风格：所谓专制就是把权力都掌握在自己手中，追随者只需要听命令行事即可。这种领导风格有两个好处，其一是在团队遇到重大危险或者重大机遇的时候，可以快速做出决断，不至于因内部流程或者领导者的优柔寡断而错失机会。其二是可以将各部门之间衔接不到位的管理盲区，以快准狠的方式处理。如果这个专制型领导很有能力的话，其实也会有不少人愿意跟着这样的领导者，因为会觉得这样的领导者很了不起。基于上述两个好处，专制型领导风格就比较适合企业的创业期和变革期。创业期和变革期，企业面临着快速变化的外部环境，很多机会稍纵即逝，需要有一个强硬的领导者快速做出反应；有很多战略出现问题需要一个强硬的有勇气的领导者快速做出调整。

"超人"型领导风格：这里的"超人"打了双引号，指的是能力超强的领导者。这样的领导者很多事情都可以做，有的销售团队，十个人，领导者一人做了90%的业绩，其他团队成员加起来做10%的业绩，从最终结果看，这个团队每次都完成任务，可是往里再看一步，这个团队简直不能再糟糕了。领导者精力是有限的，如果领导者把所有的事情都自己去做了，团队成员得不到成长，团队就永远都无法壮大。这个团队现在能做 100 万的业绩，领导者一人做 90 万，其他人每人一万多。如果领导者可以让每个人都做到 20 万，那么，这个团队领导者不做业绩，团队也可以完成 180 万。在团队成立之初，在企业创业之初，“超人”型领导者是形势所迫，毕竟没有那么多人，只能自己上。但是，人一旦多了，团队一旦成形，“超人”型领导者就需要考虑卸下超人的担子，去培养新人了，否则自己累得半死，团队却完全跟不上。

民主型领导风格：与专制型不一样，民主型的领导不会把大权握在自己一人手中，会把权力适当交出去。或者，让团队更多人参与到自己的决策中；或者，直接让团队进行决策。民主型领导风格可以激发团队成员的积极性、创造性和潜能，但做决策的速度有时候会很漫长。所以，民主型领导风格适合比较稳定的团队，适合已经进入成熟期的企业。

除了上述三种领导风格，还有诸如情感型领导风格、战略型领导风格等。领导风格没有高低好坏之分，只有适不适合之分。在企业和团队的不同阶段，需要不同的领导风格。

一个人的领导风格不是一成不变的。毕竟，一个人完全可以在某些事情上做到专制，在另外一些事情上做到民主。所以，笔者认为比较好的领导风格是适时变化的领导风格，在不同的阶段展现那个阶段最适合的领导风格。如果一位领导者在创业期因为自己专制型的领导风格让企业数次渡过难关终于走到了成熟期，在成熟期他不改变，始终保持着专制型的领导风格，很有可能他曾经成功的原因会成为企业未来发展最大的绊脚石。

了解了管理者与领导者的区别，了解了追随者类型也了解了领导风格，想必你心中对如何从管理者到领导者的蜕变已有自己的认识和想法。

笔者根据日常管理实践、观察以及所学，列了一个提高领导力的简单的清单，希望能对你从管理者到领导者的蜕变有一些帮助。

(1) 你不喜欢怎样的领导者，自己就不要成为那样的领导者。

(2) 每个人喜欢的领导风格不同，要明白不是所有的人都会喜欢你，领导者不是要讨好所有人。

(3) 当下属接触新的工作，不熟悉的情况下，不要一味地指责，要给予其信心和帮助。

(4) 无论什么时候，都不要对下属做人身攻击。

(5) 有时候，一个认真的伏案工作的背影就足以展示你的魅力。

(6) 对人尊重、处事公平是魅力的前提。

(7) 功劳是大家的，责任是自己的。一个勇于担责的领导者更容易被团队成员信任。(违法的责任除外)

(8) 真诚地帮助团队成员成长。

(9) 遇事先从自己身上找原因。

(10) 多主动沟通，沟通时多倾听。

(11) 在团队成员需要帮助的时候，站出来，提供力所能及的帮助。

(12) 赏罚分明。奖励到心坎里，惩罚要能促进成长。

(13) 找一个你认为的优秀领导者作为标杆，然后去模仿学习，学着学着，慢慢你就真的成了那样的优秀领导者。

（14）女性领导者有天然的优势，情感上更细腻，性格上更平和，作为女性领导者，完全可以使用好女性的天然优势，成为优秀的领导者。

从管理者修炼到领导者不是一朝一夕的事情，它需要长期的坚持与刻意练习。关于领导者有一句名言笔者很喜欢，分享给你，我们共勉。这是杰克·韦尔奇说的一句话："当你成为领导者之前自己的成功是成功，当你成为领导者之后，帮助他人成长才是成功。"

杂货铺

管理篇的正式内容已写完，但管理工作涉及的内容远不止本书所讲的这部分内容。与个人篇一样，笔者将一些难以单独成文的琐碎内容放到杂货铺，供大家查阅。

由于杂货铺是笔者在写作的过程中想到即写的内容，所以并没有什么逻辑顺序可言，大家就当是一份管理类的清单就好。

（1）我，是一切的本源。在日常管理中，如果遇到了管理问题，可以先从自身出发，寻找问题。

（2）陈春花说过，管理具有实践和理论的双重属性。有丰富的管理实践经验的人，可以做好管理工作。有深厚的理论知识储备的人，也可以做好管理工作。因此，想要做好管理工作，可以从实践与理论两方面着手，两驾马车并驾齐驱。

（3）德鲁克认为，管理首先是实践。在管理理论方面，经常有一些流行的、新颖的理论和工具产生。这些理论和工具都有其适应范围，不一定新的就是好的，不一定大公司都在用的就是高级的。工具和理论，只有适应当下的实际情况才是好的。

（4）在节假日前，可以提醒团队成员做好收尾工作，把工作处理完，实在处理不完的就写一个明确的可执行的工作计划。这样，节假日就可以放松心情，不必因为没有做完的事情过了一个不好的节假日。

（5）管理者可以时常去听听团队成员之间的对话，从他们的对话中找到他们处事方式不同的原因。

（6）不到万不得已，最好不要跨级指挥。因为，当上级和上级的上级同时给员工发布指令，而这两个指令又不同的时候，员工该听谁的呢？

（7）在可以的情况下，尽量招聘比自己更优秀的人，防止团队发生套娃效应。

（8）管理者在授权时，要在自己能接受最坏结果的情况下授权，这样，即便被授权人做错了，也还在可控制的范围之内。

（9）管理者在授权时，不要把责任全部分出去。要保留一部分责任在自己身上，这样出了问题自己要承担责任。如果使其承担责任，那么就要给予相应的权力，权责要匹配。

（10）授权，本质上授予的是决策权。如果决定授权了，就不要再干预对方做决策。

（11）一位管理者在任期内，总能遇到员工离职的情况，这很正常，新晋管理者遇到员工离职不要慌，以平常心去对待。这年头，没有什么人会在一家公司工作一辈子。

（12）如果一位管理者在任期内没有主动解雇过一位员工，那他的管理工作是不完整的。不要幻想团队成员一成不变，这样不利于团队发展。

（13）很多公司会考核员工流失率，但流失率也分好的流失率和坏的流失率。如果团队内优秀的人才流失了，那就是坏的流失；如果团队内态度和能力都不行的人流失了，那就是好的流失。所以，不能只看流失率，要看是好的流失率还是坏的流失率。

（14）很多管理者在解雇表现不好的、屡教不改的员工时，不好意思亲自出马，总是借人事专员出面去与员工谈话。其实，亲自解雇自己团队的成员是管理者的功课，这是必须经历的过程。

（15）管理者与员工之间，可以亲密，但不能没有分寸感。过于亲密的关系，不利于日常管理。毕竟，如果下级是与你无话不谈的好朋友，他工作没做好时，你不忍心也不好意思去批评，这样就不利于工作的开展。团队内其他成员也会感到不公平，不利于团队的稳定。

（16）管理者在日常管理中，经常会遇到需要平衡的事情，长期利益与短期利益的平衡，客户利益与股东利益的平衡，结果与过程的平衡。既然是要平衡就说明没有唯一正确的选择，很多时候只能根据当时的情境去选择对当时来说更好的选择。有时候，因为外部因素变化太大，当时的选择从事后看是错的，但是，有谁能保证自己能一直做正确的选择呢？

希望这本书对你有所帮助

参考引用书单

本书在创作过程中，参考了如下图书或专栏。

图书：

《六顶思考帽》

《清单革命》

《管理的常识》

《从理念到习惯》

《冰山在融化》

《活法》

《干法》

《卓有成效的管理者》

《管理的实践》

《一分钟经理人》

《罗伯特议事规则》

得到 App：

刘润专栏《五分钟商学院 基础篇》

宁向东专栏《宁向东的清华管理学科》

熊太行专栏《关系攻略》

李翔专栏《李翔知识内参》

李笑来专栏《通往财务自由之路》

汤君健专栏《怎样成为带团队的高手》

最后，感谢互联网，是互联网让我在创作的过程中能搜索到如此多的素材。

尾声

真高兴，你看完了这本书。

写一本书可真不容易。或许，你两个小时就把这本书看完了。可是，我写了大半年的时间，这大半年的背后是我这些年的所思、所学、所悟。

这本书我把它定位为工具书，工具书自然就是要经常翻看的。你看第一遍的时候固然记得了一些内容，但本书提供的是遇到具体问题时的解决思路和具体方法，所以，当你遇到了对应问题时，也可以拿出这本书，找到对应的章节，看看书中提供的思路，或许能激发你的灵感。

写这本书的大半年里，我成长了很多，这种成长或许我的亲友们都没有发现，因为它发生在大脑深处。在诸多成长中，有两点我特别想说与你听的。

一是取舍，一是坚持。

在工作中，到底有多少实际的问题可以写？很多很多。

一本书，到底能包含多少内容？答案同样是很多很多。

那么，我要把工作中遇到的问题都写到一本书里吗？显然不太现实，我连该怎么动笔都不知道。

于是，我就只能从诸多实际问题中挑选我觉得有价值的而且我还能动笔写上一写的主题。于是，30 个主题就此产生。于是，我终于开始动笔了。

倘若我没有放弃这 30 个主题之外的内容，我可能到现在都没能动笔。

在每一个主题的写作过程中，同样是在不断地放弃，放弃那些与主题有似有若无的关系的内容，放弃那些我如何动笔也写不出精彩篇章的内容。于我而言，完美是不可能的，我不是一个追求完美的人，我是一个追求不断进步的人。

曾经，我做不到放弃，我希望我的每一场分享都能把我知道的告诉我的伙伴们。很遗憾，这样的分享虽然干货很多，但能让人记住的却很少。

现在，我做到了放弃，我可以放弃那些不重要的内容，只保留重要的，我最想表达的内容。

是放弃，让我完成了这部作品。

虽然最终完成了，可中途差点没坚持下来。

那时，有很多事情需要处理，很长一段时间没有写。有过写作经验的朋友应该知道，一旦思路断了，想重新接起来是很难的。

那时，我也很迷茫。没错，出版一本书是我的夙愿，可是，太难了。

就这样断了，不写了吗？似乎又很不甘心。

终于，有一天，我洗澡的时候，听到手机里传来这样一句话：“你应该问，我该如何创造价值。”这句话是德鲁克对吉姆·柯林斯说的。

那一瞬间，恍然大悟、醍醐灌顶，好似学武者打通了任督二脉。

我可以把我的所思、所想、所学、所悟写出来。我可以用这本书去帮助那些在职场上需要帮助的职场新人或者新的管理者。

他们看了我的书之后，或许，工作效率更高了；或许，成为一名优秀的管理者。

只要有一个，哪怕只有一个，因为这本书而产生了积极的变化，那么，它就有价值。那么，我就为中国企业的发展贡献了一股微薄的力量，我就创造了价值。

这多有意义啊。

最初，我是为了完成自己的夙愿，但我差点就放弃了。

后来，有了这样一个宏大的意义，我坚持下来了。

所以，有时候坚持很简单。给你正在做的事情赋予一个宏大的意义，这个意义会驱使你做下去。

这正是我很想很想与你说的两点成长：

学会放弃不重要的，去关注重要的。

学会赋予事情以意义，意义会驱使你坚持。

我知道，这本书可能没有多少学术价值，但，它一定有实用价值。

我知道，这本书不够深刻，但，它一定真诚，它真诚得希望可以帮到你，哪怕一丝一毫。

虽然我很想这本书可以成为畅销书，我很想让更多的读者接触到这本书，我很想帮助到更多的人。但我知道，这本书不可能成为畅销书，因为它不具备畅销书的特质。但那又怎样呢？当这本书以纸质书的形式呈现，我就已经完成了我的夙愿。当这本书影响了一个人，它就有了价值。